助力乡村振兴出版计划

【现代乡村社会治理系列】

乡村金融知识实用手册

主　　编　王晓润
副主编　巢　琼　李　娟

时代出版传媒股份有限公司
安徽科学技术出版社

图书在版编目(CIP)数据

乡村金融知识实用手册 / 王晓润主编. --合肥:安徽科学技术出版社,2022.12(2023.9 重印)
助力乡村振兴出版计划. 现代乡村社会治理系列
ISBN 978-7-5337-6940-6

Ⅰ.①乡… Ⅱ.①王… Ⅲ.①农村金融-中国-手册 Ⅳ.①F832.35-62

中国版本图书馆 CIP 数据核字(2022)第 214643 号

乡村金融知识实用手册 主编 王晓润

出 版 人:王筱文 选题策划:丁凌云 蒋贤骏 余登兵 责任编辑:王 勇
责任校对:程 苗 责任印制:梁东兵 装帧设计:武 迪
出版发行:安徽科学技术出版社 http://www.ahstp.net
(合肥市政务文化新区翡翠路 1118 号出版传媒广场,邮编:230071)
电话:(0551)63533330
印 制:合肥华云印务有限责任公司 电话:(0551)63418899
(如发现印装质量问题,影响阅读,请与印刷厂商联系调换)

开本:720×1010 1/16 印张:9.5 字数:128 千
版次:2022 年 12 月第 1 版 印次:2023 年 9 月第 2 次印刷

ISBN 978-7-5337-6940-6 定价:35.00 元

【现代乡村社会治理系列】

［本系列主要由安徽农业大学、安徽省委党校（安徽行政学院）组织编写］

总主编：马传喜

副总主编：王华君　孙　超　张　超

出版说明

“助力乡村振兴出版计划”（以下简称“本计划”）以习近平新时代中国特色社会主义思想为指导，是在全国脱贫攻坚目标任务完成并向全面推进乡村振兴转进的重要历史时刻，由中共安徽省委宣传部主持实施的一项重点出版项目。

本计划以服务乡村振兴事业为出版定位，围绕乡村产业振兴、人才振兴、文化振兴、生态振兴和组织振兴展开，由《现代种植业实用技术》《现代养殖业实用技术》《新型农民职业技能提升》《现代农业科技与管理》《现代乡村社会治理》五个子系列组成，主要内容涵盖特色养殖业和疾病防控技术、特色种植业及病虫害绿色防控技术、集体经济发展、休闲农业和乡村旅游融合发展、新型农业经营主体培育、农村环境生态化治理、农村基层党建等。选题组织力求满足乡村振兴实务需求，编写内容努力做到通俗易懂。

本计划的呈现形式是以图书为主的融媒体出版物。图书的主要读者对象是新型农民、县乡村基层干部、“三农”工作者。为扩大传播面、提高传播效率，与图书出版同步，配套制作了部分精品音视频，在每册图书封底放置二维码，供扫码使用，以适应广大农民朋友的移动阅读需求。

本计划的编写和出版，代表了当前农业科研成果转化和普及的新进展，凝聚了乡村社会治理研究者和实务者的集体智慧，在此谨向有关单位和个人致以衷心的感谢！

虽然我们始终秉持高水平策划、高质量编写的精品出版理念，但因水平所限仍会有诸多不足和错漏之处，敬请广大读者提出宝贵意见和建议，以便修订再版时改正。

本册编写说明

“金融活，经济活；金融稳，经济稳。经济兴，金融兴；经济强，金融强。经济是肌体，金融是血脉，两者共生共荣。”习近平总书记在中央政治局集体学习会上发表重要讲话，深刻阐明了经济与金融的关系。

金融是现代经济的血液，具备金融知识，参与金融活动，掌握金融技巧是人们必备的基本技能。农村金融是现代农村经济的核心，是我国金融体系的重要组成部分，是支持乡村振兴战略的重要力量。一直以来，党和国家政府都高度重视农村金融的发展。当前，我国农村地区已形成了以银行业金融机构为主，包括保险、担保等机构在内的，多层次、广覆盖的农村金融机构体系。这些金融机构网点深入农村，较好地满足了农民朋友的金融服务需求。但我们要看到，农村金融仍然是我国金融体系中的薄弱环节，仍存在不少的困难和问题，农村金融服务需求表达不够充分，农村金融资源利用效率不高。随着金融产品的不断涌现、金融业务的不断创新，有必要让农民朋友了解、掌握一定的金融知识，熟悉一些金融业务办理流程，阅读一些金融典型案例。基于这样一种目的，我们编写了这本书。

全书由安徽农业大学王晓润副教授担任主编；安徽农业大学巢琼、李娟担任副主编。王晓润、杜彩金编写第一章，余泽华编写第二章，巢琼编写第三章和第八章，李娟编写第四章，余庆香编写第五章，蒋宇航编写第六章，董鹏程编写第七章。

本书能够顺利完成，得益于安徽农业大学新农村研究院和经济管理学院的领导、老师关心和支持，在此一并表示感谢。

目 录

第一章　金融基础知识 …………………………1
　第一节　金融概述 …………………………1
　第二节　货币和货币制度 …………………………3
　第三节　利息与利率 …………………………14
　第四节　金融机构体系 …………………………18

第二章　农村银行 …………………………22
　第一节　银行概述 …………………………22
　第二节　银行业务 …………………………29
　第三节　案例选编 …………………………36

第三章　农业保险 …………………………39
　第一节　农业保险概述 …………………………39
　第二节　农业保险业务 …………………………50
　第三节　案例选编 …………………………54

第四章　农业担保 …………………………57
　第一节　农业担保概述 …………………………57
　第二节　农业担保业务 …………………………61
　第三节　案例选编 …………………………68

第五章　农村投资理财 …………………………72
　第一节　农村投资理财概述 …………………………72

第二节 投资理财类别 ……79
第三节 案例选编 ……91

第六章 农村典当与租赁 ……95
第一节 典当概述 ……95
第二节 典当业务流程 ……99
第三节 案例选编 ……102
第四节 租赁概述 ……104
第五节 租赁业务流程 ……108
第六节 案例选编 ……112

第七章 个人征信 ……115
第一节 征信概述 ……115
第二节 征信业务 ……119
第三节 案例选编 ……127

第八章 金融防诈指南 ……130
第一节 传统金融诈骗手段 ……130
第二节 互联网金融诈骗手段 ……137
第三节 学会保护个人财产与信息安全 ……142

第一章 金融基础知识

第一节 金融概述

一 金融的概念及演变

当今社会，金融活动渗透到我们生活的方方面面。任何一个社会成员，小到个人、家庭、企业，大到国家、政府与国际社会，都离不开金融活动，都会与金融打交道。那么，什么是金融呢？从字面意思上理解，“金”表示资金，“融”表示融通，金融是指资金的融通，是与货币、信用、银行有关的经济活动的总称。

狭义的金融，仅指货币融通、资本市场及资本市场的微观运行机制。广义的金融是指与物价有紧密联系的货币流通、银行与非银行金融机构体系，包括货币市场、资本市场、保险系统以及国际金融等领域，它是由诸多部分构成的大系统，既包括微观运行机制，也包括宏观运行机制。随着市场经济不断发展，金融的内涵不断深化，在现代社会，金融是一个多维性、多层次的立体系统，凡是有关资金的筹集、分配、融通、运用及其管理的各种活动，都是金融活动。

在我国，“金”与“融”组成的词语“金融”始于何时，无确切考证，但并非古而有之。最早列入“金融”条目的工具书有如下两本：1908年开始编纂、1915年初出版的《辞源》；1905年酝酿编纂、1937年发行的《辞海》。《辞源》中关于金融的释文为:“今谓金钱之融通状态曰金融,旧称银根。各种银行、票号、钱庄,曰金融机构。”《辞海》一书对金融的释文为:“谓资金融通之形态也,旧称银根。”据此可以认为,“金融”一词在我国的使用出现在20世纪前,是在19世纪后半叶伴随着西方文化在我国的传播而逐步定型,在现代工具书中,“金融”与“finance”对应,简单互译。

二 金融体系和功能

金融体系主要包括金融制度、金融机构、金融工具、金融市场及金融调控和监管,其中金融机构、金融工具、金融市场是现代金融的三大构成要素,金融体系各部分紧密联系,构成了不可分割的整体。虽然不同的国家或地区,在不同的发展阶段,其金融体系发挥的功能有所差别,但其主要职能都是在一个不确定的环境中,帮助不同国家或地区在不同的时间配置和使用经济资源。

金融具体功能如下:

一是清算和支付结算。金融提供了完成商品、服务和资产交易的清算和支付结算的方式,传统的金融支付和各种金融创新都有清算和支付结算的功能。

二是聚集和分配资源。金融可以为个人、家庭、企业、组织机构和政府通过直接或间接方式实现资金的筹集,进行有效的资源重新分配。

三是管理风险。通过金融活动可以有效地管理和配置风险,可根据企业、个人和家庭对风险承担的能力和风险喜好程度,在利率、汇率和商品价格出现波动时,进行风险管理和配置,以规避风险,提高潜在收益。

四是提供信息。充分的信息是协调金融活动中各个参与主体分散决策的重要条件。金融市场上交易的金融工具越多越完善,可以从交易价格中获取的信息就越多;信息越充分,就越有利于资源配置的决策,而金融则是一个重要的信息来源。

五是解决激励问题。通过金融衍生工具,如可转换债券、股票期权等，能够有效解决或者缓解企业的激励问题。

第二节　货币和货币制度

一　货币概述

货币是我们最熟悉的东西，我们每天都在与货币打交道，衣食住行都离不开它。全世界200多个国家和地区，大多拥有各自的货币，货币与每个人的生活都息息相关。货币从哪里来，如何影响世界，在经济生活中扮演什么角色，下面将为读者一一介绍。

（一）货币的起源

商品是为市场交换而生产的劳动产品，货币是商品生产和商品交换的产物。在世界各地，交换都经过两个发展阶段：先是物物交换，后是通过媒介的交换。在这里，比较定型的媒介就成为货币。

在易货经济中，人们必须实现“需求的相互吻合”，人们必须找到拥有他们所需要的产品或者服务的人，并且这个人也需要他们所能提供的产品或者服务，交易成本极高。交易成本是指为达成一笔交易所要花费的成本，这里主要是指寻找交易对象。货币的产生解决了该问题：一方面降低了交易成本，扩大了交易范围；另一方面鼓励了专业化和劳动分工，从而提高了经济效率。人类使用货币的历史产生于物物交换的时代。在原始社会，人们使用以物易物的方式交换自己需要的物资，比如用自己养的一头羊换别人制作的一把石斧。但有时候受到用于交换的物资种类的限制，不得不寻找一种能够为交换双方都接受的物品，这种物品就是最原始的货币。历史上，牲畜、盐、特殊的贝壳、珍稀鸟类羽毛、宝石、沙金、石头等不容易大量获取的物品都曾经作为货币使用过。

经过长期的自然淘汰，在大多数社会里，作为货币使用的物品逐渐被金属所取代。使用金属货币的好处是它的制造需要人工，无法从自然界大量获取，同时还易储存。数量稀少的金、银和冶炼困难的铜逐渐成为主要的货币金属。马克思说过，“货币天然不是金银，但金银天然是货币”。

早期的金属货币是块状的，使用时需要先用试金石测试其纯度，同时还要称重量。随着人类文明的发展，逐渐建立了更加复杂而先进的货币制度。古希腊、古罗马等古国已开始铸造重量、成色统一的硬币。这样，在使用货币时既不需要称重量，也不需要测试成色，更为方便。

中国最早的金属货币是商朝的铜贝。商代在我国历史上也称青铜器时代，当时发达的青铜冶炼业促进了生产的发展和交易活动的增加，青铜币应运而生。由于其外形很像作为货币的贝币，因此人们将其称为铜贝。但这种用青铜制作的金属货币制作上简单粗糙，形状不固定，在市场上未达到广泛使用的程度。据考古分析，铜贝产生以后，是与贝币同时流通的；铜贝发展到春秋中期，又出现了新的货币形式，即包金铜贝，它是在普通铜贝的外表包一层薄金，既华贵又耐磨。铜贝不仅是我国最早的金属货币，也是世界上最早的金属货币。

（二）货币的形态

货币形态也称“货币形式”，是指以什么材料来充当货币。关于货币的材料，表面上看好像取决于统治阶级的主观想法，但从币材演化历史来看，则取决于当时社会经济发展程度、流通的便利程度以及货币在经济中的地位和作用等因素。纵观货币发展史，货币形态经历了由低级到高级不断演变的五个阶段，即实物货币→金属货币→代用货币→信用货币→电子货币。

1.实物货币

实物货币也叫“商品货币”，是以自然界存在的或是人们生产出来的某种物品来充当货币。这种货币兼有货币和商品双重身份，其额定价值同它作为特殊商品的内在价值是一致的，是货币发展的最初形态。在中外历史上有许多实物商品充当过货币,它们一般都是当时社会组织下最能代表财富的特殊商品,如牲畜、贝壳、布匹、粮食、奴隶、盐、烟草等。但是,许多实物货币都有不适合作为货币的特点,随着交易规模、频率和深度的发展,实物货币的形态不断进化,朝着易分割、易保存、易携带、易计量的方向发展。

知识拓展1-1

中国最早的货币形态——贝壳

历史上,很多种商品都在不同地区充当一般等价物被使用过;但由于种种原因逐渐被淘汰,只有贝壳始终被使用着,并到商代发展成为主要的一般等价物——货币形式。在中国,距今3 800年前的二里头文化的墓葬中就已经发现有贝壳。《盐铁论·错币》中说:“故教与俗改,弊与世易。夏后以玄贝。”肯定了夏代已以贝为主要货币。可见,贝就是夏代的货币形态。实际上,中国早在舜这一时期,就产生了最原始的货币形态。当时的一般等价物(货币)主要是海贝。在马家窑马厂期、齐家文化晚期、龙山文化等遗址的考古发掘中,发现了大量的海贝以及仿制的骨贝、石贝、蚌贝等,这些海贝及其仿制品已经不是专门的装饰品了,而是作为货币使用。海贝是生长于海沿岸的生物,用海贝串成饰品,在古时候象征财富与地位。海贝具有轻便、不易获得(只能在有海的地方得到)、较坚硬、不易破损、不可食用、体积小、有美感等特征,因而在古代,印度洋、太平洋沿岸的印度、缅甸、孟加拉国、泰国等也都用海贝作为货币。天然海贝在中国的黄帝和尧、舜时期(新石器时代晚期)就被当作货币用于商品交换,是中国最早的古代货币。

(资料来源:苗延波.货币简史:从货币的起源到货币的未来[M].北京:人民日报出版社,2018)

2. 金属货币

以金属如铜、银、金等为材料的货币被称为金属货币。金属货币严格来讲也属于实物货币,但它与以往的实物货币相比具有价值高、易分割、易保存、易携带等优点，最终成为通行的货币。正如马克思所论，“货币天然不是金银，但金银天然是货币”。金属货币经历了由贱金属到贵金属、由称量货币到铸币的演变过程。中国使用最早和使用时间最长的铸币是铜币，到19世纪末20世纪初才开始大量使用银币。金属作为货币也有它的不足，如贵金属币材的数量不能满足商品流通需求、大宗贸易不易携带、流通费用高等，于是渐渐出现了代用货币。

3.代用货币

代用货币是指由政府或银行发行的、代替金属货币执行货币职能的纸质货币。这种纸质货币不是足值货币，但是它由十足的贵金属作保证，随时可以兑换成贵金属，所以被人们普遍接受。典型的代用货币是可兑换的黄金券、银行券，它们和金属货币相比，有明显优点，如节省了铸造费用，避免了流通中的磨损、熔炼等问题，这使得它在货币史上持续了很长时间。世界上最早出现的代用货币，是我国北宋时期四川成都的“交子”。随着日益扩大的商品生产和商品交换的发展，黄金等贵金属的储备和数量也越来越不能满足客观需要，最终，这种纸币与贵金属脱钩。

知识拓展1-2

世界上最早的纸币

交子，是世界最早使用的纸币，最早出现于四川地区，发行于北宋前期的成都。最初的交子实际上是一种存款凭证。北宋初年，四川成都出现了为不便携带巨款的商人提供现金保管业务的“交子铺户”。存款人把现金交付给铺户，铺户把存款数额填写在用楮纸制作的纸卷上，再交还存款人，并收取一定保管费。这种临时填写存款金额的楮纸券便被称为“交子”。

随着市场经济的发展，交子的使用也越来越广泛，许多商人联合成立专营发行和兑换交子的交子铺，并在各地设分铺。由于铺户恪守信用，随到随取，交子逐渐赢得了很高的信誉。商人之间的大额交易，为了避免铸币搬运的麻烦，也越来越多地直接用交子来支付货款。后来交子铺户在经营中发现，只动用部分存款，并不会危及交子信誉，于是他们便开始印刷有统一面额和格式的交子，作为一种新的流通手段向市场发行。正是这一步步的发展，使交子逐渐具备了信用货币的特性，真正地成为纸币。随着交子影响的逐步扩大，对其进行规范化管理的需求也日益突出。北宋景德年间（1004—1007年），益州知州张泳对交子铺户进行整顿，剔除不法之徒，交由16户富商经营。至此，交子的发行正式取得了政府认可。宋仁宗天圣元年（1023年），政府设益州交子务，以本钱36万贯为准备金，首届发行“官交子”126万贯，准备金率为28%。从商业信用凭证到官方法定货币，交子在短短数十年间就发生了脱胎换骨的变化，具备了现代纸币的各种基本要素。

（资料来源：百度百科，“交子”词条。）

4. 信用货币

信用货币是以信用为保证，通过一定信用程序发行、充当流通手段和支付手段的货币形态，它是货币发展中的高级形态。信用货币是由国家法律规定的，强制流通，不以任何贵金属为基础的独立发挥货币职能的货币。信用货币的形式多种多样，政府纸币和银行存款是其主要形式。其中政府纸币是以国家政权为准备的、国家发行并强制流通的货币，表现为强制流通和不可兑换的特征。国家要合理控制货币发行量，过多过少都会影响经济的正常发展。

5. 电子货币

电子货币是信用货币与电脑、现代通信技术相结合的一种最新的货币形态，如储值卡、在线支付、手机银行等，它通过电子计算机运用电磁信号对信用货币实施储存、转账、购买和支付。它的出现大大缩短了信用货币结算的时间，加速了社会资金的周转，减少了现金和信用货币的使用量，节约了货币流通费用，成为未来货币发展的主要方向。

知识拓展1-3

数字人民币

数字人民币，字母缩写按照国际惯例暂定为“e-CNY”，是由中国人民银行发行的数字形式的法定货币，由指定运营机构参与运营并向公众兑换，以广义账户体系为基础，支持银行账户松耦合功能，与纸钞和硬币等价，具有价值特征和法偿性，支持可控匿名。

数字人民币的概念有两个重点，一个是数字人民币是数字形式的法定货币；另外一个是与纸钞和硬币等价。数字人民币主要定位于M_0，也就是当作流通中的现钞和硬币，将与实物人民币长期并存，主要用于满足公众对数字形态现金的需求，助力普惠金融。

数字人民币研发试验已基本完成顶层设计、功能研发、系统调试等工作，正遵循稳步、安全、可控、创新、实用的原则，选择部分有代表性的地区开展试点测试。2022年8月23日，数字人民币(试点版)App新增“随用随充”功能，即银行卡账户资金与数字人民币钱包之间实现自动充值。截至2022年8月31日，数字人民币在15个省(市)的试点地区累计交易3.6亿笔，支持数字人民币的商户门店数量超过560万个。

(资料来源：百度百科，“数字人民币”词条。)

(三)货币的职能

货币的职能也就是货币在人类社会经济生活中所发挥的作用。随着商品经济和货币的发展，货币的职能也在不断地丰富。一般认为，货币具有以下五种职能：价值尺度、流通手段、贮藏手段、支付手段和世界货币。其中，价值尺度和流通手段是货币的基本职能，其他三种职能是在商品经济发展中陆续出现的。

1.价值尺度

价值尺度是货币衡量和表现商品价值大小的职能。执行价值尺度的货币本身必须有价值，货币是商品，具有价值，因此能够充当商品的价值尺度。由于各种商品的价值大小不同，用货币表现的价格也不同。为了便于比较，就需要规定一个货币计量单位，称为价格标准。价格标准最初是以金属质量单位的名称命名的，如中国的"两"，后来由于国家以较贱金属代替贵金属做币材，使货币单位的名称和金属质量单位名称相脱离。货币执行价值尺度时，人们可以在观念语言中用货币来衡量商品的价值，而并不需要现实货币，更不需要足值的货币。商品价值的货币表现就是价格。

2.流通手段

流通手段是指货币在流通中充当交换媒介的职能。货币作为流通手段，改变了过去的商品交换形式。在货币出现前，商品交换采取物物交换的形式，即物品←→物品，货币出现后，商品交换分为卖和买两个环节，即物品→货币→物品，买和卖在时间上和空间上分开了，从而克服了物物交换中交换双方在需求上、空间上、时间上不一致的矛盾，提高了商品交换成功的可能性。但另一方面，货币发挥流通手段职能，也使商品生产者之间的社会联系和商品经济的内在矛盾更加复杂化。因为这时商品交换分为卖和买两个环节，如果有些人卖了商品不马上买，则另一些人的商品可能就卖不出去，从而引起买卖脱节，使得社会分工形成的生产者相互依赖的链环有中断的可能，孕育着经济危机。货币作为流通手段必须是现实的货币，即要求一手交钱、一手交货。另外，货币作为流通手段时只是一种交易的媒介，是价值符号，货币本身有无价值、是否足值并不重要。

3.贮藏手段

贮藏手段是货币退出流通领域被人们当作独立的价值形态和社会财富的一般代表保存起来的职能。作为贮藏手段的货币是实在的、足值的货币。货币贮藏手段的发挥具有一定的条件：一是价值或购买力稳定，二是有较高的流通性，三是比较安全可靠，等等。货币贮藏手段的发挥是以金属货币为前提的。在足值的金属货币流通的情况下，货币具有自发调节货币流通的作用。当流通中的货币量大于商品流通所需要的货币量时，多余的货币会退出流通领域；当流通中所需要的货币量不足时，贮藏的货币会重新流通。贮藏的货币就像蓄水池一样自发地调节着流通中的货币量，使它与商品流通相适应。因此，在足值的金属货币流通条件下，不会发生通货膨胀现象。

知识拓展1-4

格雷欣法则

格雷欣法则是一条经济法则，也称劣币驱逐良币法则，意为在双本位货币制度的情况下，两种货币同时流通时，如果其中之一发生贬值，其实际价值相对低于另一种货币的价值，实际价值高于法定价值的“良币”将被普遍收藏起来，逐步从市场上消失，最终被驱逐出流通领域，而实际价值低于法定价值的“劣币”将在市场上泛滥成灾，导致货币流通不稳定。

大多数人都有过这样的经历，当钱包里既有新钱又有旧钱的时候，大家都愿意把旧钱花出去买东西，留下“新票”。道理很简单，这出于对新钱的偏好。从这种偏好中，就出现了格雷欣法则的萌芽。

信息不对称情况下，信用领域的“格雷欣法则”会导致出现失信者得利，守信者失利的现象。

（资料来源：百度百科，“格雷欣法则”词条。）

4. 支付手段

货币在实现价值的单方面转移时就执行支付手段职能。在货币执行流通手段职能时，商品交换要求一手交钱、一手交货；而作为支付手段，价值的单方面转移是其特征。支付手段的产生源于商业信用，最初主要是为商品流通服务，用于商品生产者之间清偿债务。随着商品生产的发展，货币的支付手段职能已超出了商品流通领域，扩展到其他领域，如工资、佣金、房租等领域。货币的支付手段职能一方面扩大了商品的流通领域，节约了现金流通的费用；另一方面也使商品经济的矛盾更加复杂化。在债权债务的链条中，如果某个支付环节断裂，就可能给商品生产和流通带来严重的支付危机和信用危机。

知识拓展1-5

第三方支付

第三方支付是指具备一定实力和信誉保障的独立机构,采用与各大银行签约的方式,提供与银行支付结算系统接口的交易支付平台的网络支付模式。商品经济的核心在于交换,而交换是交付标的与支付货币两大对立流程的统一。通常,自由平等的正常主体之间的交换要遵循等价和同步原则,但是现实中的交换行为因受到诸多因素的影响,将不可避免地造成货物流和资金流的分离,这是电子商务发展中阻碍交易进行的主要瓶颈之一。于是,第三方支付应运而生,成为买卖双方在缺乏信用保障或法律支持的情况下的资金支付“中间平台”。买方将货款付给买卖双方之外的第三方,第三方提供安全交易服务,其运作实质是其与收付款人之间设立中间过渡账户,只有双方意见达成一致才能决定资金去向。第三方担当中介保管及监督的职能。

目前,国内的第三方支付产品主要有支付宝、微信支付、百度钱包、京东金融等。

5. 世界货币

当货币超越国界,在世界市场上发挥一般等价物作用时便执行世界货币的职能。当货币执行世界货币职能时,要求货币还原成货币的实体,并按实际质量和成色发挥作用。而铸币和纸币理论上都是国家依靠法律强制发行,只能在国内流通的货币,不能真实地反映货币具有的内在价值。但当代,一些西方发达国家的信用货币,成为世界上普遍接受的硬通货,实际上发挥着世界货币的职能。世界各国都把这些硬通货作为本国货币储备的一部分,并用来作为国际支付手段和购买手段。

二 货币制度

在货币随商品生产和交换关系发展而演变的过程中,不同的货币形式总是和一定的经济制度相联系的，这就形成了不同的货币制度。一般说来，有序稳定，能为商品经济提供有利客观条件的货币制度，是世界各国政府共同追求的目标，它对保障本国货币流通的正常和稳定，制止货币运行的分散和紊乱具有重要作用。

（一）货币制度的内容

货币制度，简称“币制”，是一个国家以法律形式确定的该国货币流通的结构、体系与组织形式。它包括货币材料，货币单位，货币铸造、发行与流通程序，金准备制度等。货币制度经历了漫长的历史演进过程。

1.货币材料

货币材料简称“币材”，是指用来充当货币的材料。不同的货币材料，构成了不同的货币制度。究竟选择哪一种或几种商品作为币材，是由国家通过法律机制确定的。历史上，实物、金属（黄金、白银、铜）等都曾经做过货币材料。

2.货币单位

货币材料一经确定，就必须相应地规定货币单位，这包括规定货币单位的名称与确定货币单位所包含的货币金属量。一般而言，一个国家货币单位的名称往往就是该国货币的名称。若几个国家同用一个单位名称，则在前面加上国家名。如法郎，有法国法郎、瑞士法郎等。确定货币单位所包含的货币金属量，关系到货币单位的值。如美元按1934年法令，1美元所含货币金属黄金的量为0.888 671克。黄金在世界范围内非货币化之后，流通中只有不可兑换的信用货币，货币单位逐步脱离了金属质量的概念，确定货币单位的值则转变为如何维持本国货币与外国货币的比价。

3.货币发行与流通

通货是指流通中的现金，一般包括本位币和辅币。不同种类的通货有不同的铸造、发行和流通程序。

（1）本位币。本位币是用国际规定的金属货币和货币单位所铸成的铸币，是一个国家的基本通货。它有两个特点：一是自由铸造，二是具有无限法偿能力。所谓自由铸造，是指公民有权把经法令确定的货币金属送到国家造币厂铸成本位币。所谓无限法偿，就是国家法律规定本位币有无限制的支付能力，不论每次支付的数额有多大，收款人都不得拒收。

(2)辅币。辅币是本位币以下的小额通货，供日常零星交易与找零之用。它有3个特点：一是辅币一般用贱金属制造，二是不能自由铸造，三是有限法偿。所谓有限法偿是指辅币的支付金额超过一定限额时，收款人有权拒收。如美国10美分以上的银辅币每次支付限额为10元。

(3)纸币和银行券。在信用货币流通阶段，贵金属铸币退出流通，自由铸造制度也就不存在了，辅币的铸造流通制度仍保留下来。纸币和不可兑换的银行券由政府或中央银行印制，通过银行信贷程序进入流通领域。纸币由于本身没有价值，也不能兑现，如果得不到社会公认，将一文不值，所以国家政权起着关键作用。

4. 金准备制度

金准备又称“黄金储备”，指国家所拥有的金块和金币的总额。世界上大多数国家黄金储备都由中央银行或政府掌握。在实行可兑换的金本位制国家，黄金储备的用途有3个：一是作为国际支付的准备金，二是作为调节国内金属流通的准备金，三是作为支付存款和兑换银行券的准备金。在当前的不兑现的信用货币制度下，黄金储备的用途只表现在第一个用途上了，即作为国际支付的准备金。

(二)我国的人民币制度

1948年12月中国人民银行成立并发行人民币，实行人民币制度(港、澳、台地区除外)。我国的人民币制度主要包括以下几个方面。

(1)人民币是中国大陆唯一流通的通货，具有无限法偿的能力。人民币单位是“元”，“元”是本位币(即主币)，“角”和“分”是辅币。人民币以“¥”为符号。

(2)人民币不与黄金挂钩，不规定含金量，不能与黄金相兑换，不依附于任何国外货币。

(3)人民币发行权集中于中央政府,由中央政府授权中国人民银行垄断发行,统一货币管理。

(4)人民币是信用货币,根据商品生产和流通中世界需要的货币量来发行,由商品物资做基础,并由政府债券、商业票据、黄金、外汇等做保证,可以稳定币值。

(5)人民币的可兑换性。所谓可兑换性,是指一个国家货币可以兑换成其他货币的可能性。目前我国已经实现了人民币经常项目下的可兑换,现在正积极创造条件,逐步放松对资本项目下的外汇限制,从而最终实现人民币的完全自由兑换。

需要指出的是,我国现行的货币制度较为特殊。由于我国实行"一国两制"的方针,1997年和1999年香港和澳门相继回归后,其原有的货币金融体制维持不变。目前规定人民币为大陆地区的法定货币;港元为香港特别行政区的法定货币;澳门元为澳门特别行政区的法定货币。人民币与港元、澳门元之间按市场供求关系决定的汇价进行兑换。由于这三种货币分别在不同的地区流通,所以不会产生劣币驱逐良币的"格雷欣法则"效应,但仍然不可避免地对国家货币的统一管理提出了挑战。

第三节　利息与利率

一　利息

(一)利息的概念

利息是伴随信用与信用工具出现的重要概念,也是现代经济中的重要经济变量。利息从属于信用活动的范畴,是伴随着借贷活动而产生的。在信用活动中,资金的所有者在不改变资金所有权的前提下,将资金的使用权在一定时期内让渡给资金需要者,从而在借贷期满时从资金需要者那里得到一个超出借贷本金的增加额,这个增加额就是利息。对于利息的概念可以从两个方面来理解:对于债权人而言,利息是债权人因让渡资金使用权而应当获得的报酬;对于债务人而言,利息是债务人为取得货币资金的使用权而应当付出的代价。简而言之,利息就是出借资金所获得的报酬或使用资金的代价,可以说,资本所有权和使用权的分离是利息存在的经济基础,也是利息产生的根本原因。

(二)利息的作用

1.利息是银行吸收存款和聚集资金的重要手段

从企业方面来看,由于存款有息,可以促使企业减少不合理的资金占用,主动把闲置的货币资金存入银行,以增加利息收入。从城乡居民看,增加储蓄存款,并按照存期长短获取利息收入,可在经济上得到实惠。所以,依靠信用业务固有的经济办法,即对存款客户支付一定的利息,是银行聚集货币资金不可缺少的重要手段。

2.利息是促进企业加强经济核算,提高资金使用效益的手段

在税收一定的情况下,借款多少、期限长短以及利息负担的轻重,对企业净利润的大小有直接影响。特别在企业净利润大小同企业和员工的物质利益相联系时,企业必然要关心利息的支出。企业为了减少利息支出,增加净利润,就要争取少借款、借短款,并按期归还贷款,避免罚息。利息的存在,对促进企业开源节流、合理使用资金、加速资金周转、减少资金占用等,均具有重要作用。

3.利息是调整国家、银行和企业以及个人诸方面分配关系的工具

利息既然是银行参与分配产业利润的一种经济形式,就必然在调整国家、银行、企业和个人诸方面的经济利益关系方面起重要的作用。例如,合理规定居民储蓄利率,不仅可以使闲置的货币资金流动到信贷系统中来,为国家积累更多的建设资金,还可以使储户在工资收入之外得

到一份补充收入。合理规定企业贷款的利率,一方面使企业通过借入资金,扩大生产和流通,增加企业利润;另一方面通过支付贷款利息,使银行能够参与企业利润分配。

4. 利息是调节资金供求、调节经济的一个重要手段

由于利率的变化直接影响着利益分配关系,所以,中央银行可以利用利率杠杆对经济活动进行一定程度的调节和引导,使国家宏观调控和产业政策得以落实,宏观和微观经济活动在目标、方向上趋于一致。此外,中央银行可以通过调整对商业银行再贷款的利率来影响商业银行货币创造能力,从而达到调节和控制资金供应量的目的。

二 利息率

(一)利息率的表示

利息水平的高低是由利息率来表示的。利息率简称"利率",是指一定时期内利息额同借贷货币额(本金)之间的比率。用公式表示为:

利率=利息/本金

利率通常以年利率、月利率和日利率来表示。年利率以年为单位计算利息;月利率以月为单位计算利息;日利率又称"拆息",以日为单位计算利息。在我国,习惯上不论年息、月息和拆息都用"厘"作单位,但实际差别却很大。年息的厘是百分之一,月息的厘是千分之一,日息的厘是万分之一。如年息5厘是指5%,月息5厘是指0.5%,日息5厘是指0.05%。再如借款10 000元,日息2厘意味着每天需要还利息2元,每月利息60元,每年利息720元。

(二)利息的计算

1. 单利

单利是指不论时间长短,仅按本金计算利息,所生的利息不再加入本金重复计算利息的一种计息方法。单利通常多用于中短期的资金借贷,其计算公式是:

$$I=P\times r\times n$$
$$S=P\times(1+r\times n)$$

其中：I为利息，P为本金，r为利率，n为期数，S表示本金与利息之和。

例如，一笔整存整取定期3年的储蓄，本金为10 000元，年息5厘，到期时付利息为$I=10\,000\times5\%\times3=1\,500$（元），到期时本、息之和为$S=10\,000\times(1+5\%\times3)=11\,500$（元）。

2. 复利

复利俗称"利上滚利"，是指将经过一定时间所生的利息并入本金再次计算利息的一种计息方法。按复利计息，不仅本金要计算利息，应计利息也要作为继续计算利息的依据。长期投资一般采用复利计算利息。其计算公式是：

$$S=P\times(1+r)\times n$$
$$I=S-P=P\times(1+r)\times n-P=P\times[(1+r)\times n-1]$$

其中：S表示本金与利息之和，I为利息，P为本金，r为利率，n为期数。

例如，一笔3年期资金10 000元，年息1分，采用单利计算利息为$I=10\,000\times10\%\times3=3\,000$（元），采用复利计算利息为$I=10\,000\times[(1+10\%)\times3-1]=3\,310$（元），采用复利计息方式比单利计息多了310元。

（三）我国利率管理体制的改革

我国在很长时期内实行的是高度集中、严格管制的固定利率体制，一切利率均由国家计划制定，由中国人民银行统一管理，各级分行和专业银行都无权变动利率。这种僵化的管制机制不利于发挥利率对经济的调节作用。改革开放后，我国对利率管理体制进行了一系列重大改革：

1978—1989年，主要是调整利率水平，允许银行存贷款利率在一定范围内自由浮动。

1990—1993年，主要是调整利率结构，包括制定存贷款利率的上下限，理顺存贷款利率和有价证券利率的关系；各类利率尽可能在期限、成本、风险上体现出差别等。

1994年以后，主要是进行利率机制的改革，使利率成为资源配置和宏观调控的工具。利率市场化是我国利率管理体制改革的大方向，是指为适应宏观经济环境的变化，更好地发挥利率作为资金的价格引导和调节资金配置的作用，通过建立市场化的利率体系等措施，国家逐步放弃对利率的直接管制，转向市场决定利率水平的改革过程。利率市场化是一个逐步演进的过程。

知识拓展1-6

贷款市场报价利率

贷款市场报价利率是由具有代表性的报价银行，根据本行对最优质客户的贷款利率，以公开市场操作利率（主要指中期借贷便利利率）加点形成的方式报价，由中国人民银行授权全国银行间同业拆借中心计算并公布的基础性的贷款参考利率，各金融机构应主要参考贷款市场报价利率进行贷款定价。现行的贷款市场报价利率包括1年期和5年期以上两个品种。贷款市场报价利率市场化程度较高，能够充分反映信贷市场资金供求情况。使用贷款市场报价利率进行贷款定价可以促进形成市场化的贷款利率，提高市场利率向信贷利率的传导效率。

最新报价：2022年9月20日贷款市场报价利率，1年期贷款市场报价利率为3.65%，5年期以上贷款市场报价利率为4.3%。

（资料来源：百度百科，“贷款市场报价利率”词条。）

第四节　金融机构体系

金融机构体系是指金融机构的组成及其相互联系的统一整体。在市场经济条件下，各国金融体系大多数是以中央银行为核心来进行组织管理的，因而形成了以中央银行为核心、商业银行为主体、各类银行和非银行金融机构并存的金融机构体系。

一 现代金融机构体系的基本构成

在市场经济条件下，各国金融体系因国情和金融发展水平的差异而各有特点，但在机构种类和构成上大致相同。金融机构体系的基本构成包括监督管理性金融机构、商业性金融机构、政策性金融机构。

（一）监督管理性金融机构

为保证金融体系的安全稳定，需利用一定的金融政策来对金融活动进行调控及监督管理。监督管理性金融机构主要指的是一国的货币当局，即中央银行，也包括其他相关金融类监管机构。

（二）商业性金融机构

商业性金融机构是以营利为目的，通过为客户提供各种金融服务，运营资金以实现利润最大化的金融机构。按照国际货币基金组织的统计分类，商业性金融机构主要分为存款类金融机构和非存款类金融机构两大类。其中，存款类金融机构是能够吸收存款并将存款作为其运营资金主要来源的金融机构；非存款类金融机构是指不通过吸收存款，而是通过发行证券或以契约性的方式聚集社会闲散资金的金融机构，也称作其他金融公司。

（三）政策性金融机构

政策性金融机构指由政府投资设立或担保的、根据政府的决策和意向发放贷款、不以营利为目的金融机构。政策性金融机构有特定的资金来源，一般不向公众吸收存款，基本任务是向特定的部门或产业提供资金，促进该部门或产业的发展。

二 我国的金融机构体系

经过几十年的改革开放，我国金融业获得了巨大的发展，金融机构体系结构日臻完善，形成了以“一行两会”为主导、大中小型商业银行为主体、多种非银行金融机构为补充的层次丰富、种类齐全、功能完备的金融机构体系，在国民经济发展中发挥了重要作用。

(一)金融监管机构

金融监管机构是依照国家法律法规，对金融机构及其在金融市场上的活动进行监督、约束和管制的国家金融管理机构。其基本任务是根据法律法规的授权，按照分业监管的原则，制定和执行有关金融法律法规，完善金融活动运行规则和提供相关的金融服务，并对有关的金融违法违规行为依法进行调查和处罚，以维护金融业公平有效的竞争环境，防范和化解金融风险，保障国家金融体系的安全与稳健运行。我国现行的金融监管机构包括“一行两会”，即中国人民银行、中国银行保险监督管理委员会和中国证券监督管理委员会。

(二)政策性金融机构

政策性金融机构是指由政府或政府机构发起、出资创立、参股或保证的，不以营利为目的，贯彻国家产业政策、区域经济政策等社会经济政策，在一定的范围内直接或间接从事政策性融资活动，促进社会经济发展和社会进步的金融机构。我国现有的政策性银行金融机构主要有3家，即国家开发银行、中国农业发展银行和中国进出口银行。

(三)商业性金融机构

商业性金融机构是指提供各种金融服务，参与市场竞争，以利润最大化为经营目标的金融企业。

(1)商业银行体系。包括六大国有商业银行、12家全国性股份制商业银行、数量众多的城市商业银行、农村商业银行、村镇银行等。

(2)证券业体系。包括证券交易所、证券公司、基金管理公司、证券登记结算公司、证券投资咨询机构、证券评级机构等。

(3)保险业体系。保险市场初步形成了以中国人寿保险公司、中国人民保险公司等国有商业保险公司为主、中外保险公司并存、多家保险公司竞争的格局。

(4)其他商业金融机构。包括信托投资公司、财务公司、金融租赁公司、典当行、担保公司、消费金融公司、小额贷款公司等。

(四)合作性金融机构

合作性金融机构是人们在经济活动中,为获取低成本融资和其他便利服务,按照合作制原则,以自愿入股、个人财产联合为基础,以入股者为主要服务对象,以出资者民主管理、联合劳动为经营特色的一种信用组织形式。我国的农村信用合作社是由社员自愿集资而成的互助合作性金融机构,目前符合条件的农村信用社正在向农村商业银行进行改制。

第二章 农村银行

第一节 银行概述

一 我国银行体系

说到我国的银行体系，很多农民朋友会脱口而出“我最常去的就是农业银行、邮储银行，还有就是镇子上的信用社……”你们说得对，但是不够系统全面。其实，经过多年的金融体制改革，现今我国的银行体系总体由四大部分组成，分别是：中央银行、监管机构、自律组织和银行业金融机构，以上机构互相补充，构成了相对完备的银行体系（图2-1），接下来我们一一了解。

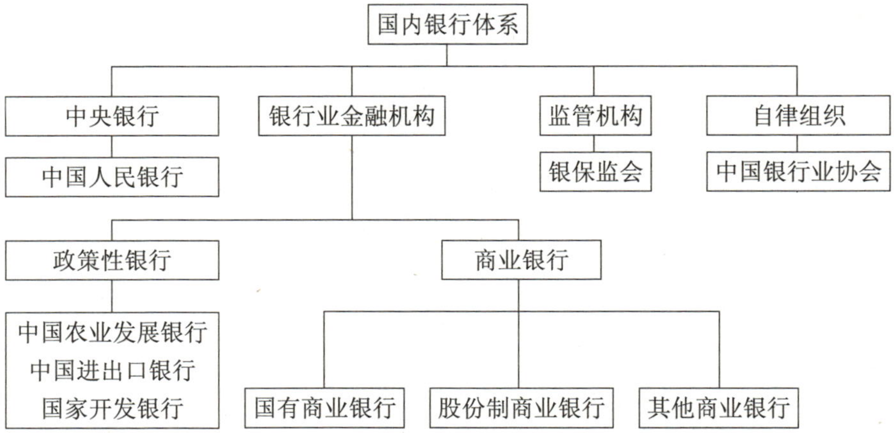

图2-1　我国银行体系结构图

（一）中央银行

中国人民银行作为我国的中央银行，性质决定了它的特殊地位。根据《中国人民银行法》的规定，中国人民银行在国务院领导下，依法独立执行货币政策，履行职责，开展业务，不受各级政府部门、社会团体和个人行为的干涉。中国人民银行是国务院领导、制定和实施货币政策、对金融业实施监督管理的职能部门，是国家机关。

中央银行的职能是中央银行的性质在其业务活动中的具体体现。传统上把中央银行的职能归纳为“发行的银行、银行的银行、国家的银行”。随着中央银行制度的发展，现代中央银行的职能有了更加丰富的内容，对中央银行职能的归纳与表述也就多种多样，如有的归纳为服务职能、调节职能和管理职能三大类，有的归纳为政策功能、银行功能、监督功能、开发功能和研究功能五大类。

（二）银行业监管机构

我国银行业监管机构主要是指银保监会，它的全名是中国银行保险监督管理委员会，它的前身是银行业监督管理委员会和保险业监督管理委员会，由这两个监督机构合并而来。中国银行保险监督管理委员会成立于2018年，是国务院直属事业单位，其主要职责是依照法律法规统一监督管理银行业和保险业，维护银行业和保险业合法、稳健运行，防范和化解金融风险，保护金融消费者合法权益，维护金融稳定。

（三）银行业自律组织

我国银行业自律组织指的是中国银行业协会。中国银行业协会成立于2000年5月，是经中国人民银行和民政部批准成立，并在民政部登记注册的全国性非营利社会团体，是中国银行业自律组织。截至目前，中国银行业协会共有728家会员单位、32个专业委员会。中国银行业协会以促进会员单位实现共同利益为宗旨，履行自律、维权、协调、服务职能，维护银行业合法权益，维护银行业市场秩序，提高银行业从业人员素质，提高为会员服务的水平，促进银行业的健康发展。

(四)银行业金融机构

银行业金融机构种类繁多,政策性银行共有3家,分别是国家开发银行、中国进出口银行、中国农业发展银行。政策性银行是指由政府投资创办的,按照政府的意图、计划从事信贷活动的金融机构,目的是实现政策性金融与商业性金融分离,以解决原来我国专业银行身兼二任的问题,割断政策性贷款与基础货币的直接联系,确保中国人民银行调控基础货币的主动权。这3家政策性银行将原来四大专业银行的政策性业务承担过来,一方面便于原四大专业银行尽快向商业银行转化;另一方面,在市场经济条件下,保证对投资期限长、收益低甚至无收益的国家基础项目和重点项目在资金上予以倾斜。

大型国有商业银行共6家,分别为中国银行、中国农业银行、中国工商银行、中国建设银行、中国交通银行、中国邮政储蓄银行;其他商业银行数量众多,包括招商银行、华夏银行、光大银行、民生银行、上海浦东发展银行等全国性股份制银行,还有许多位于农村地区的银行。这些金融机构的职能、业务范围、业务手段、业务种类不同,网点布局不同,形成了覆盖社会经济生活的各个方面、遍布全国城乡的金融机构网络。

二 农村银行简介

目前,我国农村银行类金融机构可以划分为四类,分别是政策性银行中的中国农业发展银行,商业银行中的中国农业银行和中国邮政储蓄银行,农村合作金融机构中的农村信用社(大部分地区已经改制为农村商业银行),以及新型农村金融机构中的村镇银行、农村贷款公司和农村资金互助社。接下来我们针对农村地区的银行进行更加细致的了解。

(一)中国农业发展银行

中国农业发展银行是政策性银行之一。政策性银行是由政府投资设立的,与一般商业银行不同,它不以营利为目的,主要根据政府的决策和意向专门从事政策性金融业务的银行。

中国农业发展银行于1994年11月挂牌成立，主要职责是按照国家的法律法规和方针政策，以国家信用为基础筹集资金，承担农业政策性金融业务，代理财政支农资金的拨付，为农业和农村经济发展服务。中国农业发展银行坚决服从和服务于国家宏观调控，全面落实国家各项强农惠农政策，把实现良好的社会效益作为最重要的价值追求。

（二）中国农业银行

中国农业银行的网点遍布中国城乡，是中国网点最多、业务辐射范围最广的大型现代化商业银行。它是中国金融体系的重要组成部分，提供各种公司银行和零售银行产品和服务，同时开展金融市场业务及资产管理业务，业务范围还涵盖投资银行、基金管理、金融租赁、人寿保险等领域。

中国农业银行利用固有优势，扎根服务于农村经济，以支持农业产业化经营为基础，实行城乡联动的市场定位，拓展城郊与城区的业务，支持城乡经济一体化发展。

（三）中国邮政储蓄银行

中国邮政储蓄银行的历史底蕴深厚，邮政储蓄可追溯至1919年的邮政储金业务，距今已有百年历史。中国邮政储蓄银行拥有近4万个营业网点，服务个人客户超6亿户，定位于服务“三农”、城乡居民和中小企业，依托“自营+代理”的独特模式和资源禀赋，坚持服务实体经济，积极落实国家战略和支持中国现代化经济体系建设，积极履行社会责任；坚持以客户为中心，打造线上和线下互联互通、融合并进的金融服务体系，为广大客户提供优质、便捷、高效的综合化金融服务；发力普惠金融、财富金融、产业金融、绿色金融四大领域，实现高质量发展。

(四)农村商业银行

农村商业银行是由辖区内农民、农村工商户、企业法人和其他经济组织共同入股组成的股份制的地方性金融机构。农村商业银行是独立的企业法人,享有由股东投资形成的全部法人财产权,依法享有民事权利,并以全部法人资产独立承担民事责任。农村商业银行主要任务是为当地农民、农业和农村经济发展提供金融服务,促进城乡经济协调发展。农村商业银行需要将一定比例的贷款用于支持农业、农民和农村经济发展,具体比例由股东大会根据当地农村产业结构状况确定,并报当地省级银行业监督管理机构备案。2018年中国农村商业银行行业企业数量为1 397家,至2021年企业数量增长到1 569家(表2-1)。

表2-1 2018—2021年农村商业银行数量

时间(年)	数量(家)
2018	1 397
2019	1 478
2020	1 539
2021	1 569

(五)村镇银行

村镇银行是指经中国银行保险业监督管理委员会依据有关法律、法规批准,由境内外金融机构、境内非金融机构企业法人、境内自然人出资,在农村地区设立的主要为当地农民、农业和农村经济发展提供金融服务的银行业金融机构。

村镇银行的建立,有效地填补了农村地区金融服务的短板,增强了农村地区的金融支持力度。在规模方面,村镇银行是真正意义上的"小银行"。在经营范围方面,村镇银行的功能相当齐全。根据规定,村镇银行可以吸收公众存款,发放短、中、长期贷款,办理国内结算,办理票据承兑与贴现,从事同业拆借、银行卡业务,代理发行、兑付、承销政府债券,代理收付款项及保险业务和银保监会批准的其他业务。

三 农村银行的作用

首先，农村银行是广大农村居民的“存钱罐”和“保险箱”。随着我国经济的不断发展，农民参与生产获得收入的渠道越来越多。农民解决了温饱问题后，每年手中都能留下不少积蓄，银行作为资金的蓄水池，为农民提供了保管自己“闲钱”的地方。农民可以根据自身的资金使用需求情况，选择将暂时不用的钱存入银行，进行活期储蓄或者定期存款，等到需要用钱时再将钱取出来，这样能够实现资金的合理运用，调节好生产与生活的关系，既能防止现金出现遗失、损坏的情况，又能实现资金的合理增值。

其次，农村银行能够有效帮助农民填补自身的资金需求，可谓是炎炎夏天的“及时雨”。随着城市化进程加快，农民在生活中需要用钱的地方越来越多，如子女上学、生病寻医、购买家电和汽车、修缮房屋、提升生活质量等；生活之余，生产经营环节中存在更大的资金需求。农村银行具有资金融通的能力，在生产发展和生活中，只要农民有需求且达到相应的条件，银行就可以发挥自己的作用，提供信贷支持，将相应的资金送到农民的手中，帮助其解决资金不足的问题，渡过眼下难关。

再次，农村银行不仅提供了资金结算的方式，而且成了助力农业生产的推进器。一方面农村银行通过为农民开立账户，使得经济行为的最终实现通过交易双方账户间的结算进行，省去了现金交付过程，方便了生活；另一方面，农村银行作为广泛分布在农村地区的金融机构，通过派遣专业人员进行相关知识的宣传和教育，向农民传递各类政策信息，解决农民生产中的问题，能够帮助农民发展生产，提高效益。

拓展 2-1

如何识别人民币真假？

在日常生活和农业生产经营过程当中，我们接触到人民币的机会非常多，人民币有真有假，正确识别人民币真假能够保护我们的利益不受侵害。那么，如何才能火眼金睛识别出人民币真假呢？

第一种辨别方法，摸一摸。我们使用的人民币都是用特定的材料制作而成的，在某些部位它会比较粗糙，如在人像领子这个部位会比较粗糙，我们摸的时候可以感觉其是否粗糙。如果摸起来感觉比较粗糙，就是真的；如果摸起来感受是平滑的，就是假币了，所以大家可以用摸一摸的方法分辨人民币的真假。

第二种辨别方法，拍照。我们可以打开手机的照相机，然后用拍照的方法判断人民币的真假。那我们应该拍哪个部位呢？大家可以看到每一张人民币上面都会印刷有年份，我们可以对着印有年份的地方放大，然后把它拍下来。拍下来之后我们就可以看见印发年份的下面会印刷有“人民币”3个小字，如果放大拍照没有发现这几个小字的话，它很有可能就是假的了。

第三种辨别方法，照一照。我们可以借助手机的手电筒来辨别人民币的真假。打开手机的手电筒之后，对人民币上面的一条横线从反面向上照，就可以看到这张人民币的面额数值了。如果人民币面额是50的话，它会显示50这个数字，如果是其他面值的话它会显示相应的数字，没有数字显示的话它就是假的。

第四种辨别方法，折一折。一般人民币的图案都是做得比较对称的，所以我们可以把人民币上面的图案对折，看它是否对称。如果不对称的话它就是假的。

第五种辨别方法，用水蘸。一般人民币用的材料都是遇水不易破损的，所以我们可以用水蘸一下人民币再揉搓几下，它很容易破损而且还会褪色的话，说明它是假币。如果它只是有一点变形，但是没有破损的话，这就是真币。

第二节　银行业务

一　银行经营原则

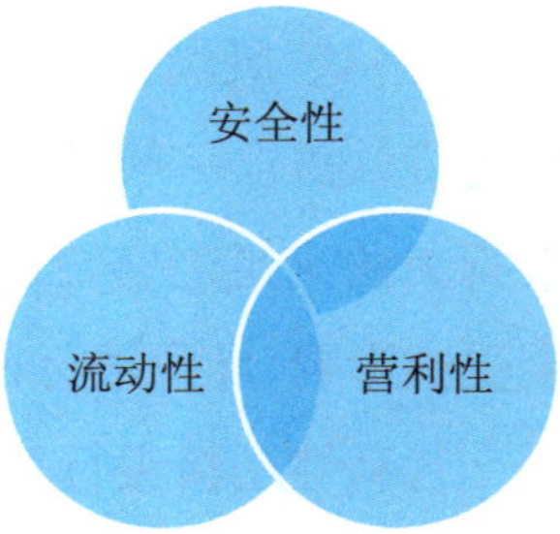

银行是专门从事货币信用活动的特殊企业，是商品经济发展的必然产物。银行的产生标志着现代信用制度的形成与确立，对现代经济的发展起到了巨大的推动作用。社会越发展，银行就越发达，其作用就越大，对社会经济生活的影响就越深刻。农村银行作为根植于农村区域的银行，想要实现合理的经营和有效的管理，必须遵循相应的原则和要求，在这里我们主要了解农村商业银行的经营管理原则和目标。农村商业银行经营管理的原则主要有三条，分别是安全性、流动性和营利性，它与政策性银行中国农村发展银行不同，营利性是农村商业银行的经营原则之一。

安全性原则指的是银行资产免遭损失、保障安全的可靠程度。安全性原则对于商业银行经营管理来说具有特殊的作用，因为商业银行的经营对象和经营条件较为特殊。商业银行的经营对象是货币，作为国民经济中心载体的货币，受许多复杂客观因素的影响，同时又受中央银行的政策干预。商业银行的自有资本比较少，负债经营，只能利用较多的负债来维持其资本运转，因此，安全性是商业银行经营活动中首先要考虑的一个问题。只有在安全性有保证的前提下，银行才有可能去追求更大的利润；也只有在安全性有保证的前提下，存款者才会将自己的钱存到银行。虽然在一个高度变化的经济环境中，商业银行要想完全避免风险是不可能的，但商业银行从安全性原则出发，通过加强自身的管理，通过自身的预测能力，采取必要的避险手段来降低风险是完全有可能的。

流动性原则是指银行能够随时应付客户的提款、满足必要贷款的能力。银行的流动性要求来自负债和资产两个方面。从负债方面看，银行的负债主要来源于存款，而存款者会随时到银行提取现款。如果银行一味追求利润而置流动性于不顾，那么当存款者要求提款时，银行如果拿不出现金，就可能引起恐慌，使银行信誉下降，严重的还可能会引起存款者的“挤兑”风潮，导致银行停业或破产。从资产方面看，银行对于老客户的贷款需求一般是有求必应的，以此发挥老客户的“示范效应”。一旦银行无法满足老客户的贷款需求，在“示范效应”的作用下，银行信誉将会受到影响，导致银行客户流失，银行将为此承受损失。

营利性是指银行获取利润的能力。商业银行作为经营性企业，获取利润是其最终目标，也是其生存的必要条件，只有获取了足够的利润，银行才能扩大自身规模，巩固自身信誉，提高自身竞争力，从而在激烈的市场竞争中立于不败之地。

安全性、流动性和营利性三者既有统一的一面，又有矛盾的一面。一般来说，安全性与流动性是正相关的关系：流动性强的资产，风险较小，安全有保障。但它们与营利性往往存在矛盾：流动性强、安全性高，盈利性一般较低；盈利性较高的资产往往流动性较差，风险较大。因此，银行在其经营过程中，经常面临两难选择：为增强经营的安全性、流动性，就要把资金尽量投放在短期资金运用上，从而影响到银行的盈利水平；为了增加盈利，就要把资金尽量投放在较长期限且收益较高的资产上，这就不可避免地给银行经营的流动性、安全性带来威胁。因此，银行经营管理的中心就是如何做到三者的统一。

拓展2-2

保护存款人利益的存款保险制度

2015年3月31日，在金融改革提速和利率市场化的不断推进之下，作为我国金融安全网重要组成部分的存款保险制度最终落地。《存款保险条例》规定，存款保险实行限额偿付，最高偿付限额为人民币50万元。存款保险费率由基准费率和风险差别费率构成。存款保险制度的推出提高了公众对中小银行的信心，使其更好地服务于实体经济；并建立有效的金融机构处置机制，防止单家金融机构倒闭给存款人及其他金融机构带来较大冲击。

《存款保险条例》的主要内容包括以下几点：①存款保险的性质为强制性，即凡是吸收存款的银行业金融机构，包括商业银行（含外商独资银行和中外合资银行）、农村合作银行、农村信用合作社等，都应当投保存款保险。②被保险的存款既包括人民币存款也包括外币存款。③限额偿付，最高偿付限额为人民币50万元。④即使个别小存款银行发生了被接管、被撤销或者破产的情况，先动用存款保险基金，支持其他合格的金融机构对出现问题的存款银行进行"接盘"、收购或者承担其业务、资产、负债。确实无法由其他银行收购、承接的，按照最高偿付限额直接偿付被保险存款。⑤存款保险基金的来源包括：投保机构交纳的保费、在投保机构清算中分配到的财产、存款保险基金管理机构运用存款保险基金获得的收益、其他合法收入。⑥存款保险费率由基准费率和风险差别费率构成。各投保机构的适用费率由存款保险基金管理机构根据投保机构的经营管理状况和风险状况等因素确定。

存款保险制度作为金融改革的重要一环，为存款利率上限放开后的银行业竞争加剧做好了准备，可加快推进利率市场化，有利于降低企业融资成本。同时，存款保险制度也促进了银行稳健经营，限制其对企业过度放贷，有利于增强金融体系的稳定性。

二 银行业务种类

尽管各家商业银行的组织形式、名称、经营内容各异，但就其主要业务来说，一般均分为负债业务、资产业务以及表外业务。

商业银行的负债业务是商业银行通过对外负债方式筹措日常工作

所需资金的活动，是形成商业银行资金来源的业务。负债业务是商业银行资产业务和中间业务的基础，主要包括存款业务和借款业务，其中存款业务是银行组织资金来源最主要的方式。另外，联行存款、同业存款、借入或拆入款项或发行债券等，也构成银行的负债。

商业银行的资产业务是其资金运用业务，也就是商业银行将其吸收的资金贷放或投资赚取收益的活动，主要分为贷款业务和投资业务两大类。贷款业务按照偿还期限划分，可以分为活期贷款、定期贷款、透支；按贷款的经济内容划分，可以分为经营性贷款、有价证券经纪人贷款、消费性贷款；根据信用担保的性质可分为以票据、商品、股票、债券为担保的有担保贷款和信用贷款；按照成本计算来划分，可以分为固定利率贷款和浮动利率贷款。商业银行的投资业务是指银行购买有价证券的业务活动。商业银行的投资业务与通常所说的投资不同。普通投资是指以资本从事工商业的经营活动，而银行购买的有价证券包括债券（国库券、公债券、公司债券）和股票。但对于购买股票，一般国家多加以限制或禁止，目前各国商业银行的证券投资主要用于购买政府债券。

中国人民银行于2001年6月21日发布施行《商业银行中间业务暂行规定》，对中间业务的界定是："中间业务是指不构成商业银行表内资产、表内负债形成银行非利息收入的业务。"这个界定表明，中间业务有两个重要特征：一是不形成商业银行资产和负债，从而不进入商业银行资产负债表；二是产生非利息收入。正是因为这两个特征，中间业务也称为表外业务或收费业务。

拓展2-3

小心落入高利贷的陷阱

高利贷（又称放数），顾名思义，即高利贷款，它的利息是极高的，我国元朝有名的羊羔息，一年就要本利翻一番；明清的印子钱，利息高达100%。中华人民共和国成立前，有所谓的"驴打滚"，以一月为期，利率4至5分，如过期不还，就利上加利，成为复利，几个月就可以本息相等。现在我们所讲的高利贷，是指民间借贷利率超过中国人民银行公布的金融机构同期、同档贷款利率（不含浮动）四倍的借贷。高利贷债权人（贷方）通常称作地下钱庄。地下钱庄放高利贷有“9出13归”的习惯，就是借钱10 000元，只能得到9 000元，但还款时却要支付13 000元。而且，高利贷的利息是逐日起“钉”（利息），以复息计算，被称为“利滚利”，往往借几百元，过了一年半载才还，连本带利可能要还几万元。

由于高利贷利率奇高，经常出现借款人的收入增长不足以支付贷款利息的情况。当贷款拖期或者还不上时，放贷人往往会采用不合法的收债渠道，如雇佣讨债公司或通过黑恶势力手段进行暴力催讨等。于是，因高利贷造成死亡、家破人散、远离他乡、无家可归的现象数不胜数。无数真实案例都体现了高利贷的可怕之处，如2014年11月始，被告人刘某、王某续在厦门市集美区后溪镇非法高利放贷，收取高额利息，并以安徽老乡关系为纽带，纠集被告人马某战、陆某磊等人参与讨债，形成了以被告人刘某、王某续为首要分子，以被告人马某战、陆某磊为组织成员的恶势力犯罪集团。该恶势力犯罪集团在厦门市集美区后溪镇一带长期采用上门滋扰、言语辱骂、威胁恐吓、假冒艾滋病及精神病患者、拉横幅、发传单等方式，向被害人逼讨高利贷债务，扰乱被害人及其家属的正常生活，造成恶劣的社会影响。

放高利贷，是一种残酷的剥削行为，政府明令禁止，但往往禁而不止，社会上仍然有人在偷偷地进行着。在今天，因借用高利贷而发生的悲剧在我们身边仍时有发生。所以，农民朋友们，为了家庭的幸福，为了社会的安定，千万不要借用高利贷！

三 银行业务流程

（一）存款业务流程

身边有闲置的存款，存在家中是保存财产的一种方式，但纸币容易受到物理和化学等因素的影响，导致破损或腐烂。相比之下，把钱存进

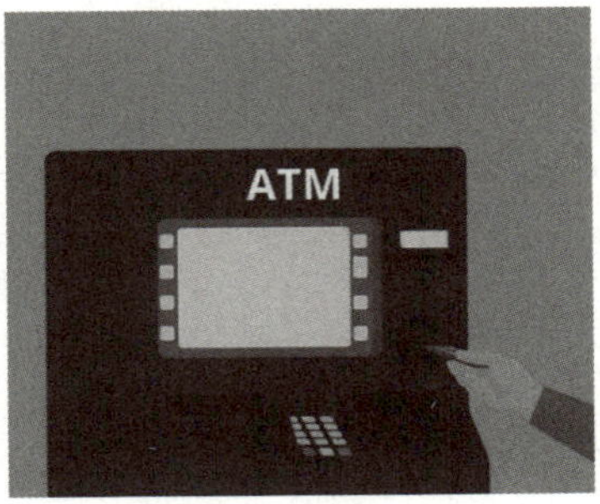

银行是更安全的选择，但是如何存款，存款的流程是怎样的，有一些朋友还不太清楚。现在银行存款主要有两种方式，第一种是到银行人工服务台进行办理，另一种是在ATM存款机上完成。

到银行人工服务台存款的操作流程：第一步，填好存款凭条；第二步，将存款凭条、现金以及表明真实身份的身份证件交给核算员；第三步，核算员把存款凭条、银行卡、现金一起交给复核员；第四步，复核员核准正确后将银行卡交给记账员；第五步，记账员把银行卡交给存款人。

在ATM存款机上存款的操作流程：第一步，正确插入银行卡；第二步，输入登录密码；第三步，选择“存款”；第四步，放进现钞；第五步，设备核对；第六步，确定存款金额；第七步，设备将现钞存进钞箱；第八步，选择是否打印存款凭条；第九步，退卡取卡。

（二）贷款业务流程

“一分钱难倒英雄汉”这句话并不是凭空捏造出来的，在农业生产领域当中，春耕秋收、养猪种树各个方面都需要资金的参与，想要实现自己的种植梦想，成为小有规模的种植户，都需要借助资金的力量。但是作为土生土长的农民，自己没有那么多资金怎么办？只能选择贷款，市面上贷款种类纷纷杂杂，一不小心就掉入了欺诈的陷阱。最好的方法就是向银行等正规金融机构贷款，我们只要学会如何借钱，如何使用钱，通过银行的帮助，就能走上致富的道路，就能够逐渐摆脱穷困。这就需要我们学习了解如何正确地向银行等金融机构贷款，与其建立信贷关系。

首先，我们要了解贷款的类型，这样才能够根据自身的需求和条件，因“人”制宜地向银行提出自己的贷款申请。贷款按照期限来分，有短期贷款、中期贷款和长期贷款，短期贷款期限为1年以下，中期贷款是在1年以上5年以下，长期贷款期限在5年以上。按照贷款方式来分，主要分为信用贷款、保证贷款、质押贷款和抵押贷款。信用贷款是以借款人信誉发放的贷款；保证贷款是指以第三人承诺在借款人不能按期偿还贷款本息时，按约定承担一般保证责任或连带责任而发放的贷款；质押贷款指以借款人或第三人的动产或权利作为质押物发放的贷款，抵押贷款指以借款人或第三人的财产作为抵押物发放的贷款。

接着，我们需要了解不同贷款的具体期限。生活类贷款期限不能超过1年，例如治病、修缮房屋等；生产费用贷款期限不得超过一个生产周期，最常见的就是农林牧副渔业的生产贷款；关于生产设备的贷款，期限在1年以上3年以下，主要是用于购买农机、农具、农船等；边远山区的贷款期限视情况可适当进行放宽。

了解以上内容之后，我们就可以进行相应的贷款申请。按照贷款的步骤来看，第一步我们需要提出贷款申请，说明为何贷款，贷款用于什么，并提供相关生产项目资料及有关经济信息。第二步，银行需要对贷款进行审查、审批。银行在收到贷款申请后会组织相关工作人员对借款方进行实地考察，全面评估贷款的可行性。考察评估的内容主要涉及借款人的基本情况，如个人征信情况、经济收入水平，所贷资金用途是否合理，项目是否符合国家规定和环保要求，是否可以带来经济收益，贷款能否按期收回等。第三步，经过以上考察和审核符合贷款要求之后，银行发放贷款，并对贷款实行监督检查，检查相应的贷款使用情况和使用效果，借款户应给予积极配合。第四步，在贷款到期之后，借款人及时返还贷款本金和利息。贷款流程见图2-2。

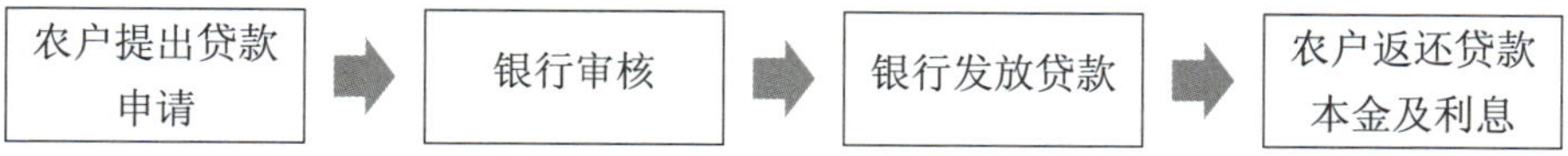

图2-2　贷款流程图

第三节　案例选编

一　政策性金融业务助力"江淮粮仓"丰收

党的十八大以来，中国农业发展银行安徽省分行深入贯彻落实习近平新时代中国特色社会主义思想，充分发挥农业政策性银行"当先导、补短板、逆周期"职能作用，围绕安徽经济社会发展重点领域、薄弱环节和关键地区，不断加大信贷支持力度，为全省打赢脱贫攻坚战、"三农"发展和乡村全面振兴做出了积极贡献。

粮食是国之根本。安徽分行始终将服务国家粮食安全作为主责主业，把支持粮油收购工作作为重中之重，持续彰显粮食收购主导银行地位。

安徽蚌埠怀远徽粮集团的收购现场，一辆又一辆满载金黄色小麦的车辆排成长龙，质检、过磅、卸车、入库，每个环节有条不紊。"今年我们的订单量增大，收购资金需求量也大了，农发行结合我们实际需要，为我们提供了充足的收购资金，让我们有信心有底气把更多优质的小麦收上来。"徽粮集团副总经理朱明如此表示。面对2022年新的夏收形势，安徽分行提前备足夏粮收购资金200亿元，在全力支持政策性收储基础上，加大市场化收购贷款投放力度，确保打赢打好新年度支持收购"第一仗"。

面对粮油市场化改革新形势，安徽分行主动求变，围绕延长产业链、提升价值链、打造供应链，运用好"定购贷""竞拍贷"等成熟模式，全力推广徽粮产业平台、天长购销对接、宿州汇谷、阜南中裕等模式，大力推进粮食市场化收购，着力打造粮食产业发展的综合服务商。截至2022年8月末，该行累放市场化收购贷款94亿元，较2021年全年增加16亿元。

党的十八大以来，安徽分行累计放粮油贷款2 630亿元，支持收购粮油2 601亿斤（1斤=0.5千克，后同），支持粮食收购市场份额超50%，以实际行动筑牢粮食安全“压舱石”。

二 “兴农·信易贷”致力金融支农

安徽新型农业经营主体一直处于蓬勃发展的趋势之中，省内以信贷为主的金融服务也未曾缺位，但不可否认的是，还有一些新型农业经营主体没有获得正规银行的信贷资金支持，信贷产品还需要更大的优化创新探索。同时，多数金融机构的支农信贷服务对象集中于农业农村经营群体“纺锤”结构两头，中间位置最大数量的小微农户反而在近年的信贷支农重心中被略微忽视。

YC银行安徽省分行基于十数年来在“三农”金融领域的实践经验，创新推出“兴农·信易贷”产品，旨在通过纯信用贷款对产业及产品发展潜力好或优质示范新型农业经营主体，对信用村内信用户，以及融入现代农业高质量发展、主营当地优势特色产业的小农户予以支持。其贷款根据银行内部客户评级、地方信用风险水平实施差异化风险定价。利率水平一般在5.22%～8%，对于客户正常还款的还给予2个点的贴息，实际客户承担利率在3.22%～6%。家庭农场、种养大户和农民合作社等可通过线上App申请贷款。

YC银行安徽省分行此举既是信用贷款支农模式创新，也有农户信用评价体系建设运用的实践创新，还是金融支持农业适度规模经营的有益探索。

三 HS银行信贷支农新模式

HS银行信贷支农模式创新，着力构建面向农业经营主体，广泛覆盖各类经济活动场景的新型线上金融服务渠道，依托线上信用信贷产品服务农业产业发展。一是建立以专业大户和家庭农场及农民专业合作社生产经营的个人信用货款，通过线上指定渠道发起，随借随还和循环使用的自主式授信运营模式；二是基于互联网数据的运用，综合采用工商、司法、征信、税务数据的分析，为农业产业化小企业提供线上申请、线上审批、线上发放、线上还款的全流程信用贷款；三是基于农业采购，通过公共资源采购平台的运行，与人民银行“中征应收账款融资服务平台”合作开展的线上政采贷，通过平台中标合同发放的线上类信用贷款。围绕上述产品，搭建网络金融服务的渠道，缓解新型农业主体融资困难，改善“三农”主体的经营环境，提升支农金融信贷的效率与质量。

其中，产品之一是线上农户信用贷款，指从事合法生产经营的新型农场主及农业合作社经营者，在该行指定的电子渠道发起贷款额度申请，该行通过对合法渠道采集的借款人相关信息数据进行识别、分析，据此完成风险综合评价，确定贷款额度，并借助电子渠道完成额度支用的自主式授信运营模式。对符合条件的申请人提供不超过100万元的信用贷款，单笔贷款期限不超过12个月。

产品之二是线上涉农企业的信用贷款，指该行借助互联网渠道，合法合规运用农业产业小企业及其法定代表人的内外部数据信息，设计具体的信用类融资产品，并在线受理、审批、发放用于涉农企业的信用贷款。综合授信金额不超过300万元，单笔贷款期限不超过6个月。

产品之三是线上涉农企业政采贷，根据公共资源交易平台上政府采购合同，该行与人民银行“中征应收账款融资服务平台”合作，利用大数据技术，整合行内数据与外部数据资源，基于中标合同的金额，为中标新型农业企业提供线上弱担保融资服务。

第三章 农业保险

第一节 农业保险概述

一 农业保险概念

农业保险（简称“农险”）顾名思义就是保障农业生产的一类保险，是专为农业生产者在从事种植业、林业、畜牧业和渔业生产过程中，对遭受自然灾害、意外事故、疫病、疾病等保险事故所造成的经济损失提供保障的一种赔偿保险，属于财产保险。农业保险实质上是农业再生产领域中的一种国民收入再分配，是一种我为众人、众人为我的互助合作关系。

二 农业保险发展历程及其现状

（一）农业保险试办阶段

19世纪20—30年代，我国农村长期受军阀迫害，加上世界经济危机的影响，我国农村经济发展滞后，农民生活苦不堪言。我国是一个农业大国，农业是当时立国的根本，为了促进我国农村经济的发展，我国部分地区引入农业保险。30年代初在安徽和县成立的乌江耕牛保险会算是中国农业保险的萌芽，这是我国现代保险史上最早由农民自发建立的相互保险组织之一。乌江地处金陵大学农学院的农业推广实验区，当时金陵大学与上海银行合作，由上海银行负责为耕牛会办理耕牛押款，该耕牛会为农民办理耕牛保险来保障农民的收益。1939年国民党政府设立农本局，并且拨专款资金50万法币试办家畜保险，此后也有专项拨款40万法币试办牲畜保险。1944年，国民政府在重庆成立中国农业特种保险股份公司，这是一种有商业保险公司参与其中的农业保险试办形式，具有互助性和官办性质。但这一时期国家做出的所有努力和尝试均以失败告终。

（二）农业保险发展阶段

中华人民共和国成立后，为了提高我国的国际地位，促进中国经济的发展，中国共产党及人民政府高度重视农业的发展。中国人民保险公司积极配合政府出台政策来支持农业的发展。1950年，为了适应农业发展的需求，中国人民保险公司在北京、重庆、山东等地试办牲畜保险。一年后，又在产棉的江苏、河南等地试办棉花保险。1951年召开的全国农金工作会议提出“农村保险是保险工作重点之一，必须大力发展”，为了落实这一指示，各地区急于求成，导致金玉其外败絮其中的现象出现。1953年政府要求全国机构精简，暂停了许多不必要的保险业务。1954年，政策又改变为重点扶持农业保险业务，明确农业保险是今后国家保险发展的主要方向，此时农业保险取得了较大的发展。但在1958年人民公社出现后，“一大二公”（规模大，公社公有化程度高）取代了保险，自此中国农业保险进入了长达24年的停办时期。

（三）农业保险恢复阶段

党的十一届三中全会后，我国进入改革开放历史新时期。农村地区普遍实行家庭联产承包责任制，这一制度极大地调动了农民的生产积极性，此时农民干劲十足，逐渐加大对生产的投入，但投入越大风险越大。国家为了降低农民的生产风险，1982年农业保险开始再次试办，我国农业保险迎来了新的曙光。1982年3月在江西九江、抚州地区开始耕牛保险试点，同年年底在江苏、辽宁试办养猪保险。截至1983年年底，全国有25个省、自治区、直辖市进行了畜禽保险试点。此后的十几年中，政府与保险公司共同努力，中国农业保险规模不断扩大，使养殖业种植业得到迅速发展，这一时期被视为中国农业保险的黄金发展期。据统计，在这一时期一共设立了50多种农业保险，全国共有3亿多亩（1亩≈667平方米，后同）农田作物参保，其中花生、大豆、棉花、甘蔗等经济作物有$4×10^7$亩，谷子、小麦、高粱、玉米等粮食作物有$6×10^7$亩，蔬菜、饲料作物等其他作物将近$4×10^7$亩；全国共有5 000多万畜禽参保，其中家禽将近3 000万只，大家畜将近200万头，小家畜有1 000多万头，共有$152×10^4$亩为水产养殖农田。在这一阶段，中国人民保险公司秉持不以营利为目的的经营原则，取得了很好的社会效益。但是，取得这种社会效益的前提是需要巨大的财政投入，这种不以市场为导向的发展形式不利于经济资源的合理配置。

（四）农业保险衰退阶段

20世纪90年代以后，我国由计划经济逐步转变为市场经济。市场经济是效益经济，是以营利为目的的经济。在这样的背景下，中国人民保险公司也开始向商业化转变，带有营利性质。但是，这种转变具有双面性，一方面来说中国人民保险公司提高农业保险的价格来增加利润，利润提高后打破之前入不敷出的僵局；从另一方面而言，农业保险的规模却在不断萎缩，这是因为中国人民保险公司商业化后，农业保险的价格增高，农民在有限的购买力下生产投入却越来越大，无法负担起对农业保险的支出。再者，我国政府支持农业保险发展的初衷并非营利，而商业保险一直以来都以营利为经营目的，农业保险与商业保险之间难免发生冲突。这些问题的存在使得农业保险由发展势态转为衰退势态。

（五）农业保险新一轮发展阶段

我国农业保险发展的历程是非常曲折的，在80多年的发展过程中，有过繁荣也有过衰退。在中国农业保险持续衰退的大背景下，我国农业保险的发展进入了新的征程。2002年修订的《中华人民共和国农业法》中提到了“政策性农业保险”这一概念，5年以后，中央财政将10亿元资金正式注入内蒙古、吉林、江苏、湖南、新疆、四川这6个被列为首批中央财政政策性农业保险的试点地区，保险对象为五大种植品种，即棉花、玉米、水稻、大豆、小麦。这一年，我国农业保险飞速发展，全国农业保险保费营业收入为53.33亿元，农业保险取得了一定的成就。2021年，农业保险业务仍然保持较快增长速度，据全国农业保险数据信息系统初步统计，我国农业保险保费规模为965.18亿元，同比增长18.4%，为1.88亿户次农户提供风险保障超4.7万亿元。其次，农业保险开办区域已覆盖全国各个省份，承保农作物品种达211个，基本覆盖农、林、牧、渔业各个领域。在乡村振兴和农业农村现代化的背景下，我国农业保险未来有很大的发展空间。

三 农业保险职能及作用

（一）农业保险职能

农业保险的基本职能是经济补偿。经济补偿职能是指在发生保险事故造成损失后，根据保险合同按所保标的的实际损失数额给予赔偿。我国是一个农业大国，农业是国民经济的基础，是社会稳定的重要保障，我国政府高度重视农业的发展。但是农业属于弱质产业，我国地域辽阔，自然条件复杂多样，农业受自然条件的影响大。加上我国农业基础设施薄弱，抗灾害能力差。旱灾、水涝、泥石流、病虫害等给我国农业造成了巨大的损失，农民抵御风险的能力较弱，在这种情况下，农业保险可以为农民承担大部分损失。通过农业保险的经济补偿职能，可以在发生事故灾害后提供有效的经济补偿，这样农业在受到自然灾害的侵袭后可以迅速恢复生产，保障农业经济效益。政府对农业的政策补贴有助于提高农业生产信息化水平，有效提升农业生产效率，增加农民收入，提高农民生活幸福指数。

（二）农业保险作用

提供农业保险作为国家重要支农惠农政策，在我国社会生活中发挥了非常巨大的作用。从我国农业保险的实践看其主要作用有以下几个方面。

1.农业保险有利于促进国民经济的健康发展

俗话说,民以食为天。在我国,农业是国民经济建设和发展的基础产业,农业保险是农业生产持续稳定发展和提高农民收入的根本保障。在进行农业生产时,若购买了农业保险,保险公司会给农民朋友培训相关的避险知识。在自然灾害发生时,保险公司会根据保险合同给予相应的经济赔偿,从而大大降低农民的经济损失。通过购买农业保险,可以降低农业风险提高农业经济效益,推动我国经济的发展。积极宣传农业保险,开展农业保险知识普及,对国民经济的发展和农业产值的提高都有重要的影响。我们要充分把握和正确认识农业保险,认识到农业保险对国民经济的促进作用和影响。

2.农业保险有利于提高农业防灾减灾能力,恢复灾后生产能力

农业保险是建立农业风险防范机制、提高农业防灾减灾、恢复灾后生产能力的重要举措。我国部分地区易受自然灾害侵袭,农作物会出现一定程度的减产或绝产。冬季雪天温度过低,农作物扛不住寒冬;夏季干旱日照过强,土地缺水农作物也无法生长。在发生自然灾害后农业保险充分发挥经济补偿功能,能最大限度地降低农户的损失。保险公司根据合同要求赔偿农户损失,农户可以依靠赔偿金恢复再生产能力。农业保险的存在可以减少社会财富的损失,取得良好的社会效益。

3.农业保险有利于促进农村产业结构调整

农村产业结构的调整是经济改革的重点,也是一项长期的任务。随着农村经济体制改革的逐步深入,农村产业结构也发生了一系列新的变化,农业保险在其中起到了功不可没的作用。农业保险可以保障农村产业结构调整中所需要的资金、物品和技术支持,在因灾害发生而中断农业产业结构的调整时,农业保险发挥其保障作用,使得产业结构调整顺

利进行。农业保险的存在有助于农民积极地试验种植新品种，有效地化解新品种试验带来的风险，从而促进农村产业结构的调整。

4.聚集农业专项保险基金，保障农业再生产稳定发展

对于农业来说天灾总是难以预测，自然灾害对农业再生产造成了很大的影响。自然灾害对农业的破坏是多方面的，自然灾害的突发性和难以预测性以及农业生产的脆弱性导致农民难以应对这种困境。农业生产一旦遭遇自然灾害，轻则农作物减产，重则血本无归。农业生产过程中断会给农民的生产生活带来严重影响，而农业保险制度的建立会大大缓解农民的压力。通过组织农民购买农业保险建立农业专项保险基金，发挥灾后补偿损失职能，可以保障农业再生产稳定发展。农民只需付出相对整个生产过程来说属于少量支出的保险费，在面对自然灾害的袭击造成预期生产收入减少时，就可以及时获得农业保险赔偿金，从而保障农业再生产的顺利进行。政府与保险公司要联合起来开展多种保险业务，扩大保险覆盖面。随着承保险种增多，聚集的保险基金越多，保险公司赔付的能力也就越强，有助于农业再生产的稳定发展。

5.农业保险有利于减少财政救灾支出

保险指的是投保人将保费交付给承保人，此时风险也转嫁给承保人，承保人设立专门的保险基金用以对投保人因自然灾害或意外事故造成的损失给予经济补偿。在我国古代还没有农业保险这一概念时，国家财政每年都要拨出大量资金用于救灾抗险。农业保险出现后，农民可以购买农业保险来规避风险。当灾害发生后，被保险人可以按照保险合同的规定从保险公司得到赔款，用于恢复再生产能力，这种做法可以在一定程度上减少国家财政的救灾支出。农民购买农业保险不仅有益于自身，也可以促进我国财政收支平衡。

四 农业保险种类

提供农业保险是政府支农的重要手段，可以促进农业产业化进程，

推动国家经济发展和社会稳定。但农业风险的存在具有客观性,它的出现会使农民承担巨大的经济损失。而农业保险则可以使农户在遭受自然灾害后及时得到经济补偿,从而拥有恢复农业生产的能力。我国农业生产种类繁多,加之承保责任范围的不同,农业保险可以划分为不同类型。根据生产对象来划分,农业保险主要可以划分为种植业保险和养殖业保险两大类。

(一)种植业保险

种植业保险是指以农作物及林木为保险标的,保险人对国有农场、集体农业企业、专业户及个体农户等在生产或初加工过程中发生约定的灾害事故造成的经济损失承担赔偿责任的保险。种植业保险包括生长期农作物保险,收获期农作物保险,经济林、园林苗圃保险和森林保险等。

1.生长期农作物保险

生长期农作物保险以稻、麦等粮食作物和棉花、烟叶等经济作物为对象,以各种作物在生长期间因自然灾害或意外事故等造成收获量价值或生产费用遭受损失为承保责任的保险。生长期农作物保险的对象是处于生长阶段的农作物,其收获量有相当部分取决于土壤环境和自然条件,以及农作物等对自然灾害的抗御能力和生产者的种植管理,受自然条件和地理位置的影响大。因此,在以收获量价值作为保险标的时,应督促被保险人精耕细作和加强农作物管理。若以生产成本为保险标的时,则根据农作物在不同阶段不同时期投入的生产费用采取定额承保,保险人要根据农作物的具体特点合理制定保险合同。生长期农作物保险是种植业保险的主要组成部分,也是各国农业政策保险的主体内容。按照保险标的的差异,生长期农作物保险通常可以划分为粮食作物保险、经济作物保险以及其他作物保险。粮食作物保险的主要险种有水稻保险、小麦保险、玉米保险等,经济作物保险的主要险种有棉花保险、苎麻保险、油料作物保险等,其他作物保险的主要险种有蔬菜保险、饲料作物保险等。

2.收获期农作物保险

收获期农作物保险是农业保险中试办最早、开展规模较大的险种之一,它是指以粮食作物或经济作物在收割、运输、晾晒、轧打、脱粒、烘烤等初级加工阶段中,因遭受自然灾害或意外事故造成经济损失的初级农产品价值为承保对象的一种保险。收获期农作物保险通常都是短期保险,保险期限一般在1~2个月。由于不同农作物的收获期、经济条件以及加工时机械化程度的不同,使得有些农作物保险期限相对来说长一些,有的就更短一些。这种保险介于农业保险和财产保险之间,是生长期农作物保险的后续保险。收获期农作物保险的主要险种有麦场火灾保险、收获期小麦火灾保险、收获期水稻火灾保险等。

3.经济林、园林苗圃保险

经济林、园林苗圃保险是一种介于森林、果业与农业之间的保险,其承保的对象是专门为城市园林绿化定向繁殖和培育各种各样的优质绿化材料的基地的各种经济林种,包括这些林木提供的具有经济价值的果实、根叶、汁水等产品以及这些生长中的苗木中可供观赏、美化环境的商品性名贵树木、树苗、花草等。保险公司对这些树苗、林种及其产品由于火灾、风灾、洪水、冰雹、雪冻、暴雨、寒潮、干旱等自然灾害和病虫害所造成的损失进行保险赔付。经济林、园林苗圃的保险金额可按照经济林和园林苗圃平均收获量的40%~60%为保险额度确定,也可依据经济林、园林苗圃的价值和平均收获量的价值,按照四六成或三七成比例由被保险人和保险人分担损失责任。经济林、园林苗圃的自身价值以及产品的收获数量可以按照亩面积定值,也可以按照株定值。观赏树种、盆景花木则按不同规格来确定每株保险金额。此类保险主要有苹果树保险、核桃树保险、枣树保险、山楂树保险、柑橘树保险、茶树保险等。

4.森林保险

森林保险主要以人工林场为承保对象,以林木生长期间因自然灾害和意外事故造成的林木价值损失和营林生产费用的损失为承保责任，被保险人（国有林业生产单位、集体所有制合作林场、林业股份制企业以及林业专业户、重点户等）按照一定的标准缴纳保险费以获得保险人（保险企业）在森林遭受灾害时提供经济补偿的行为，这种行为以契约形式固定下来，并受到法律的保护。森林的生长过程较长，保险期限有的以1年为期，有的规定数年期。森林面临的主要风险是火灾，包括人为火灾和雷击起火等，所以森林保险的主要承保责任是火灾造成的损失。保险金额以造林成本、林木蓄积量、造林费等为依据确定。森林保险作为增强林业风险抵御能力的重要机制，它的存在不仅有利于帮助林业生产者灾后迅速恢复生产，而且可以促进林业稳定持续经营。

（二）养殖业保险

养殖业保险是指以饲养的畜、禽、水生动物等为保险标的，对在养殖过程中发生约定的灾害事故造成的经济损失承担赔偿责任的保险。养殖业保险以有生命的动物为保险标的，在被保险人支付一定的保险费后，对饲养期间遭受保险责任范围内的自然灾害、意外事故和疾病引起的损失给予一定补偿。养殖业保险包括牲畜保险、家禽保险、水产养殖保险以及其他养殖保险等。

1.牲畜保险

牧畜保险是以牧区放养的牲畜为承保对象的保险。保险标的主要有群养群牧的牛、马、驴、骡、骆驼等大牲畜及绵羊、山羊等小牲畜。牲畜保险是农业保险的一种，根据被保险人的需要可加保各种附加险，如牲畜伤残和医疗费用险、屠宰险（屠宰后发现不符合卫生当局规定的要求）、产仔险、阉割险、流行性疾病险、流行性疾病的后果损失险、牲畜运输险、展览险等。牲畜保险中以大型牲畜保险较为普遍，保险人对大牲畜饲养过程中因疾病、自然灾害或意外事故造成的伤残或死亡（如对发生恶性流行病而强制屠宰、掩埋）所造成的经济损失负赔偿责任。小牲畜保险主要有养猪保险、养羊保险及养兔保险等。在牲畜保险承保中，保险机构通常会对牲畜的健康状况、饲养管理状况等进行调查。牲畜保险的保险金额以牲畜的种类和经济价值为基础，采用定额承保或估价承保方式。

2.家禽保险

家禽保险是以鸡、鸭、鹅等家禽为承保对象的保险，一般只承保国营、集体养殖场或专业户商品性生产群养的禽类。家禽保险的保险责任主要是自然灾害、意外事故和疾病造成的家禽死亡损失。由于家禽存在非灾害事故下的零星正常死亡现象，在保险条款中应该根据家禽的正常死亡率合理确定免赔率，对零星死亡的现象一般规定免赔率和免赔只数。家禽保险的分类一般是根据家禽的种类、生产目的以及生物学特性来进行区分的，业务主要有养鸡保险、养鸭保险、养鹅保险等。

3.水产养殖保险

水产养殖保险是由保险机构为水产养殖者在水产养殖的过程中，对遭受自然灾害和意外事故所造成的经济损失提供经济保障的一种保险。水产养殖保险的标的是水产养殖产品。水产养殖是指利用海洋水域、滩涂和内陆水域中的可养面积，对鱼、虾、蟹、贝、藻类及其他水生经济动植物进行人工投放苗种、饲料，并进行经营管理，以获取相应产品的生产活动。水产养殖保险具体分为淡水养殖保险和海水养殖保险。淡水养殖保险是以利用淡水水域进行人工养殖的水产品为承保对象的保险，海水养殖保险是以利用海洋资源进行人工养殖的水产品为承保对象的保险。

4.其他养殖保险

其他养殖保险指的是牲畜家禽和水产养殖保险未能包括的养蜂、养蚕等保险。保险责任是在养殖过程中因疫病、自然灾害和意外事故造成的蜂、蚕死亡或产品价值的损失。

知识拓展3-1

农业保险业务目前涵盖9个大宗农作物中央政策性种植业保险，3个中央政策性养殖业保险以及大宗农作物补充保险、完全成本保险、收入保险,100多个地方特色农产品保险等,是支持"三农"发展与乡村振兴的主力军。下面主要针对几个有代表性的农业保险进行简单介绍。

一、水稻种植保险

为了化解水稻种植户遭遇自然灾害的风险,党和政府支持政策性水稻种植保险的发展,这是一项支持农业发展,稳定粮食生产的强农惠农政策。各级政府补贴保费80%,农户承担保费20%。它的保障范围是种植符合当地政府和农业部门的要求和规范标准、播种的品种符合农业部门的规定并生长正常的水稻,保险责任包含暴雨、洪水(政府行蓄洪除外)、内涝、风灾、雹灾、冻灾、旱灾、地震等自然灾害,火灾、泥石流、山体滑坡等意外事故和病虫草鼠害造成被保险水稻的直接损失,损失率在20%(含20%)以上时,保险公司给予赔偿。

二、小麦种植保险

为了能够有效降低农业灾害损失,保障农户增产,促进农业生产和国家粮食安全,中央政策性保险险种增添了小麦种植保险。各级政府补贴保费80%,农户承担保费20%。它的保障范围是种植符合当地政府和农业部门的要求和规范标准、播种的品种符合农业部门的规定并生长正常的小麦,保险责任包含暴雨、洪水(政府行蓄洪除外)、内涝、风灾、雹灾、冻灾、干热风、旱灾、地震等自然灾害,火灾、泥石流、山体滑坡等意外事故和病虫草鼠害造成被保险小麦的直接损失,损失率在20%(含20%)以上时,保险公司给予赔偿。

三、玉米种植保险

玉米种植保险是中央财政的补贴险种。各级财政保费补贴比例为80%,农户承担保费20%。它的保障范围是种植符合当地政府和农业部门的要求和规范标准、播种的品种符合农业部门的规定并生长正常的玉米,保险责任包含暴雨、洪水(政府行蓄洪除外)、内涝、风灾、雹灾、冻灾、旱灾、地震等自然灾害,火灾、泥石流、山体滑坡等意外事故和病虫草鼠害造成被保险玉米的直接损失，损失率在20%(含20%)以上时，保险公司给予赔偿。

第二节 农业保险业务

一 购买方式

农业保险现今已成为农民朋友的有力保障。在遭遇自然灾害后，通过农业保险可以缓解农户的压力，推动灾后重建工作稳健进行。接下来将分步阐述购买农业保险的方法。

(一)填写投保单，向保险机构提出投保农业保险的意愿

购买保险和购买其他理财产品一样都是存在风险的，可能会有假的保单，假的业务员等。为了避免上当受骗，农户在购买农业保险时一定要核实重要信息。首先要核实保险机构，全国有很多的保险公司，但我们不可能了解每家保险公司的具体情况，这个时候可以通过拨打保险公司的客服电话，或者登录保险公司的官网了解详细情况。也可以通过询问身边靠得住的亲朋好友，或者在网站上查询相关信息。确认保险机构信息无误后填写投保单，投保单必须由投保人亲自填写，集体投保的被保险人要在投保农户清单上签字确认。投保者必须如实填报姓名、被保险的作物、土地面积、身份证号、联系方式、通信地址以及用于收取赔款的资金账号等识别信息。投保人将保单填写完成后交给保险机构，表明投保农业保险的意愿。

(二)保险机构审核投保人材料，确定是否接受投保人的投保意愿

保险机构在收到投保人送来的投保单后，会按照公司流程进行信息审核。保险公司主要通过系统审核和人工审核这两种方式审核投保单。系统审核指的是保险公司利用公司内部系统进行审核,通常只有在投保人没有出现过事故记录的情况下才会使用这种自动审核的形式。人工审核指的是投保人曾发生事故,为了确保投保人达到投保条件而进行信息审核的一种实质审核方式。当保险公司确认投保单信息无误后,就会接受投保人的投保意愿。

(三)保险机构决定承保,并详细解释农业保险合同条款

当保险公司决定承保后,会向农户详细解释保险条款,此时农民朋友一定要秉持不懂就问的谦虚态度了解清楚所有条款。保险公司员工主要是按照五个原则来解释保险合同条款。第一是文义解释原则,保险人需要用通俗的语言并结合其上下文来解释合同条款;第二是意图解释原则,合同条款的设立要符合保险人与投保人在签订合同时的真正意图;第三是有利于被保险人和受益人的原则,按照有利于被保险人和受益人的原则进行解释;第四是批注优于正文,后批优于先批的解释原则,当保险人与被保险人对条款进行修正后,需采用批注优于正文的解释原则;第五是补充解释原则,当保险合同不完整时,需按照国际惯例、商业习惯等进行补充解释。

(四)投保人决定是否投保、投保人足额缴纳保险费

由于农业保险在政策方面的特殊性,所以农户在决定投保前一定要详细了解保费补贴政策、投保单上的重要提示和保险条款(特别是保险责任、责任免除、被保险人义务等),谨慎决定是否投保。决定投保后,投保人足额缴纳保险费,同时从保险公司手中获取相应的保险凭证。保险凭证上应有承保的保险公司、保险标的以及缴费信息等内容。投保人必须妥善保管好保险单和发票等一系列相关材料。

(五)编制保险合同

当保险人与被保险人双方达成一致,且投保人足额缴纳保费后,保险公司开始根据投保人的投保要求编制保险合同。需要注意的是,在购买农业保险的过程当中,需要仔细查阅保险合同条款,切勿盲目投保。

保险合同中在不同位置出现的同一词汇要求含义是一样的，并且在签订合同时，必须尊重彼此的真实意图。如果有条款不完整的情况，双方应对保险内容进行务实、合理的补充。

（六）投保人签收保险合同

通常来说投保人签收保险合同后保险成立。但值得注意的是，一般保险有保险犹豫期（也称冷静期），是指投保人收到保险合同并书面签收后的一段时间，在此期间投保人可以提出解除保险合同的申请，保险人扣除工本费后退还其所缴保险费。一般保单在签收的时候算作是犹豫期的第一天，保险犹豫期通常为10天。

二 保险理赔的程序

（一）接受报案

农户购买保险则是为种植的农产品添加了一份保障，增强自己抵御风险的能力。当自然灾害发生时，农户应立即报案并等待协保人员赶往现场，同时要做好标的物的保护工作。保险公司收到被保险人的出险通知后会派出人员前往调查，调查事故损失的原因，确定损失的责任，搜集有关的证据，采取适当的施救措施，防止损失继续扩大。保险公司立案后会将被保险人的姓名、身份证号、银行卡号、种植面积、承保面积、受灾面积、损失程度、估计损失金额、联系电话、出险日期、出险原因、出险地点、损失概况等详细记录下来，并请被保险人填报出险通知书（一式两份）。

（二）核查保单等有关凭证

立案后保险公司会核查被保险人的保单等有关凭证，核查保单时要检查索赔人是否有保险单，是否有索赔资格以及验证保险单的真伪，也要核查其他的相关凭证。核查时保险人会重点关注保险事故是否在承保范围，事故地点是否属于保险现场范围。

（三）现场查勘

保险人到达事故现场后需要查勘情况才能确定是否理赔。现场查勘首先要查勘出险地点，保险人要核查受损物品是否为保险标的，出险地点是否属于保单上规定的范围。然后要核实日期，确定出险时间是否在保险责任期限内。紧接着保险人会查勘出险的原因，核实损失原因是现场查勘工作中最为重要的一环，也是理赔中的关键步骤。当农产品遭受自然灾害造成损失后，要核实损失原因是否属于保险范围之内，这是比较复杂的一步，通常需要比较长的时间保险公司才能确定是否该为此事故负责。最后是核定损失程度。当确定了损失原因属于保险责任后，要进一步核定损失程度，以便计算赔款数额。

（四）责任审核

责任审核是保险公司根据现场查勘的各项记录及理赔单证，审查保险责任和赔偿范围。一定要弄清楚造成损失的原因，这样才能确定损失是否属保险人的承保责任。保险人是否承担赔偿责任，要看造成被保险财产损失的原因是否属于保险人承保的危险，即损失与所承保的危险是否有因果关系，如果有因果关系，保险人当然要负责赔偿。赔偿范围也是责任审核的重要内容之一。审核赔偿范围时要注意受损财产是否按照合理的价格报损。要注意赔付的范围是否符合保险条款的规定，属于赔付范围的损失保险公司理应赔付，凡不属于赔付范围的损失保险公司无须赔付。事故发生后，农户会先自行施救，保险公司需审核施救费用是否合理，合理的施救费用保险公司也应进行赔付。对于不属保险责任范围内损失的拒赔案件一定要慎重研究，要有充分的依据。

（五）核定损失

通过现场查勘和责任审核后基本可以确定事故是否属于保险责任，如果属于保险责任的就要核定损失数额，进行保险赔付。但是，核定损失数额是非常复杂烦琐的事，保险公司通常会聘请专业部门或专家，认真听取他们的意见，然后再来计算应赔的数额。

（六）损余处理

大部分的险情发生时并不会导致所有财产的损失，此时就关系到对损余物资的处理,以及赔款的具体数额。因此,对残余物资的查勘也是一项非常重要的工作。

(七)支付赔款

一个完整的赔案必须具备有以下单证资料:赔案目录、农业保险赔案审批表、明细收据清晰的计算书、委托付款书、接报案登记表、保单抄件、保险费发票、投保分户清册或承保人员名册、索赔与出险通知书、损失清单、农业保险现场查勘报告、自然灾害损失现场查勘记录表(定损单)、事故与灾害证明(鉴定结论,附专家组成员名单)。以上资料齐全后,保险人将审定后的赔款计算书给被保险人过目,若被保险人同意理算结果,即在赔款收据上签字,保险人付款,案例赔付完成。

第三节　案例选编

一　农产品质量安全责任保险

随着人民生活水平的不断提高,人们对农产品的质量安全越来越重视,面对市场上品种丰富的农产品,消费者无法有效判断其质量是否安全。面对市场需求的提升,广大农业生产经营主体苦于无法通过合理方式将产品送到消费者手上。农产品质量安全责任保险可以有效解决这一问题,为生产经营主体的农业产品进行背书,让农业生产者和消费者建立起信任的桥梁,提高生产经营主体的市场销量。保险行业已有成熟的农产品质量安全责任保险条例,且浙江、海南等地已开展了农产品质量安全责任保险试点,但均侧重于保险赔偿。GY农险安徽分公司试点了一个农产品质量安全责任保险,这个试点项目侧重于风险防范。它的投保对象为符合试点条件的农业种养大户、家庭农场、专业合作社、农业生产企业等。投保需符合“三品一标”条件(无公害农产品、绿色食品、有机农产品和农产品地理标志认证),农产品生产经营者信誉良好,无违法违纪记录。保险期限1年,按企业规模分别设置500万~1 000万的累计赔偿限额,每年暂定按累计限额的4%收取保险费(含检测费用等),每次事故赔偿限额100万元,每人每次赔偿限额20万元。安徽省是一个农业大省,农产品丰富,农业企业投保需求强烈。该试点项目资金对投保企业保费给予50%的补贴,减轻投保企业负担,提高其投保积极性,着力创建诚信安全的农产品生产消费环境。GY农险将加强对投保企业农产品安全检测,建立保前、保中定期检测机制,并向社会公开,构建"保险赔偿+安全检测+社会监督"综合服务监督体系,合作共创"舌尖上的平安"。这是一个金融支农创新项目,切实维护消费者合法权益,支持新型农业经营主体规范发展,打造农产品质量安全诚信文化。

二 农民就其投保农险申请理赔

农业保险险种繁多,不同险种的农业保险理赔方式也不一样,接下来介绍一则农业保险理赔案例来解释农业保险理赔的相关知识。

安徽省某县的农民郑某和辛某为了让家人过上更加富裕的日子,两人合伙承包了村里的6座温室大棚,承包期为3年。安徽省政府为了支持"三农"的发展,曾请专家奔赴安徽各地区进行温室大棚知识专项演讲,其中着重强调投保农业保险的重要性。所以郑某和辛某在签订了承包合同后,合计给大棚上个保险。两人一起去保险公司了解相关信息后当机立断为自家的6座温室大棚上了保险。正值雷雨季节,他们所在地区连续下了一个星期的大雨后,郑某和辛某辛苦建起的大棚倒塌了3座,棚内的育苗遭受了严重的伤害,基本没有存活的可能。大棚倒塌后郑某和辛某迅速向保险公司报案,保险公司的理赔人员过来对现场进行实地勘查后告诉郑某和辛某不必太担心,这次的事故是在保险公司的赔付范围内,让他们耐心等待,后期会有专门负责理赔的同事与他们对接。郑某和辛某顿时松了一口气,但是3天以后保险公司却向他们出具了拒赔通知书。原因是保险公司从气象部门了解到事故当天的风力并没有达到保险责任规定的八级以上，所以这次事故造成的损失保险公司不予赔付。郑某和辛某对保险公司的说法并不认同，所以他们在当地法院提起诉讼。郑某和辛某主张他们所建造的温室大棚在投保前就对保险公司详细说明了大棚的结构，保险公司也认同这是符合保险要求的。即使事故当天风力并没有达到八级以上，但是大棚的倒塌并不是一蹴而就的，因为一个星期接连而来的大雨大风一直对大棚都是一种伤害。保险公司则主张在郑某和辛某的保险合同上已经详细注明了暴风、雪、雨等保险责任的相关说明，加之从气象台所了解到的信息，所以保险公司认为温室大棚的倒塌主要是由于大棚的承载结构不标准造成的，保险公司不应对此次事故负责。根据案件事实可以判断本案是一起典型的农业保险纠纷案件，郑某和辛某在投保前已经对所投保的大棚进行了详细的描述，而且说明的内容与事实也完全吻合，这表明投保人履行了如实告知义务，而保险公司在未对现场进行实际验标后便承保了，由此可以推断出郑、辛二人投保的温室大棚是完全符合保险要求的。根据《中华人民共和国保险法》第十三条“投保人提出保险要求，经保险人同意承保，保险合同成立。保险人应当及时向投保人签发保险单或者其他保险凭证。保险单或者其他保险凭证应当载明当事人双方约定的合同内容。当事人也可以约定采用其他书面形式载明合同内容。依法成立的保险合同，自成立时生效。投保人和保险人可以对合同的效力约定附条件或者附期限”可知保险合同成立并生效。虽然事故当天风力并未达到保险责任规定的标准，但是在那整个星期该地区都是连降大雨并伴有雷雨大风，才导致这场事故，故保险公司主张的抗辩事由不成立，保险公司应对此次事故承担赔付责任。

通过此案例，我们可以看出在购买农业保险后，如果出现理赔问题时，不要惊慌失措，农户及时报案，按照规定的程序进行即可。

第四章 农业担保

第一节 农业担保概述

一 担保概述

（一）担保的概念

担保是指为担保某项债务的实现而采取的措施，该项债务是主法律关系，担保是从法律关系。担保包括人保、物保和金钱担保。

物保，即担保物权，它以物的交换价值作为债权实现的担保。现代大陆法系国家的担保物权制度继受于罗马法的物的担保制度，包括抵押权、质押权和留置权三类。其中，抵押权的客体包括三类，分别是动产、不动产和不动产用益物权（建设用地使用权和土地经营权）。质押权的客体包括两类，即动产和权利。留置权的客体只有一类，即动产。

人保，是以人的信用（信誉）作为债权实现的担保，包括一般保证和连带保证。其设立属于意定，需要保证人和债权人订立书面的保证合同，且无须移转标的物的占有。

金钱担保即以特定的货币（定金）作为债权实现的担保，其设立属于意定，需要双方当事人签订书面的定金合同且需要移转标的物的占有。

(二)担保的特征

1.从属性

担保的从属性，是指担保从属于所担保的债务所依存的主合同，即主债依存的合同。担保的设立一般是通过约定完成的，设立担保的合同称为担保合同，担保合同与所担保的债务所在的合同之间的关系是主从关系，即担保以主合同的存在为前提，因主合同的变更而变更，因主合同的消灭而消灭，因主合同的无效而无效。当然，这种从属性并不排除担保为将来存在的主债而设立，我国担保中的最高额保证、最高额抵押就是为将来存在的主债而设立的担保。

2.补充性

担保的补充性，指的是担保一经成立，就在主债关系基础上补充了某种权利义务关系。由于这种补充性的存在，大大增加了债务人履行债务的压力，增强了债权人权利实现的可能性。当然，在主债消灭的情况下，补充的义务并不需要实际履行。因此，担保合同与其他合同不同，其所规定的权利义务并不一定要实现。

3.保障性

担保的保障性，是指担保是用以保障债务的履行和债权的实现。这是由担保制度设立的目的决定的。

二 农业担保的概念

农业担保公司是国家为破解农业“融资难”“融资贵”而专门成立的政策性担保公司，其为农业经营者提供担保后，银行对农业贷款会提高获贷率及贷款额度。国家层面成立国家农业信贷担保联盟有限责任公司(简称“国家农担公司”)，各省由财政出资成立省级农担公司，目前已成立33家省级农担公司，各县市设立分公司或者办事处，农业大县业务已基本全部覆盖。总的来说，农业信贷担保体系是“国家队”“专业队”，由国家财政出资成立，市场化运转，不以营利为考核目标，专注于农业融资服务。

农担体系其实是创造性地将财政思维与金融思维充分融合，通过财政资金的基础支撑作用，实现商业性、政策性、开发性、合作性金融的协调配合，既尊重市场在农村金融服务资源配置中起决定性作用，又主动补位，通过财政资金的创新性运用，发挥政策性金融工具的撬动作用，为市场化方式不能有效解决的领域提供有效的金融服务供给。农担体系的政策性定位，决定了中央财政补助是其可持续发展、保持支农力度的关键和基础。对农担体系的财政补助，实质上是对财政支农资金使用方式的调整和创新。以财政资金作为农担公司注册资本金，实际上是将其作为新型农业经营主体的抵质押物，增强银行向农户发放贷款的信心，新型农业经营主体使用的不再是财政的直接补助资金，而是银行的信贷资金。由财政直接补贴方式调整为对政策性担保业务提供持续性代偿风险补助，有助于支持农担体系的持续运营，是支持农担机构开展政策性担保业务的根本政策保障，是财政发挥“四两拨千斤”杠杆撬动作用的支点。农业信贷担保工作的创新和实践，为探索财政资金发挥“四两拨千斤”作用、支持其他领域经济和社会发展提供一个新的路径选择。图4-1所示为全国农业担保体系结构。

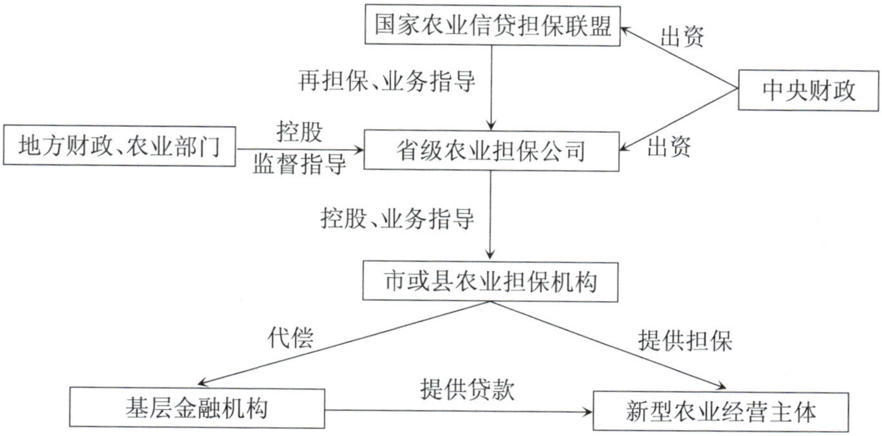

图4-1　全国农业担保体系结构

知识拓展4-1

国家农担公司

国家农担公司成立于2016年5月6日，是经国务院批准同意组建的政策性担保机构，是全国农业信贷担保体系在国家层面的实体机构。全国农担体系是一个具有“财政+金融”“政府+市场”属性特征的政策性金融工具，是对财政支农方式的创新，以放大财政支农政策效应，提高财政支农资金使用效益，化解农业农村发展“融资难”“融资贵”问题。

国家农担公司作为体系的“龙头”，不以营利为目的，在坚持自身信用和可持续发展基础上，实行政策性主导、专业化管理、市场化运作，旨在统一担保业务标准、强化系统风险控制、规范农业信贷担保体系建设，更好发挥担保的经济助推器功能和财政资金的“四两拨千斤”作用，将更多金融资源引入农业农村发展领域，推动粮食结构调整和农业适度规模经营，促进农业发展方式转变，助力乡村振兴战略实施。公司股东包括财政部和全国省级农业信贷担保机构。

公司主要职责：一是落实国家农业支持政策，制定公司再担保业务标准，为省级公司政策性业务提供再担保服务，根据省级公司的业务发展和风险控制水平，制定合理的再担保责任比例和再担保费率；报经财政部批准，在再担保业务框架内建立面向省级公司的风险救助机制。二是为省级公司提供业务指导和规范指引，研究并支持省级公司开发农业信贷担保产品和服务，扩大信贷支持农业的规模和覆盖面。三是与银行等金融机构开展总对总的战略合作并促进在省级层面协调落实，推动银行等金融机构扩大政策性担保业务规模、降低贷款利率。四是组织全国农业信贷担保专业人才培养和人员培训，支持省级公司培养造就一支扎根农村、熟悉市场、“懂农业、爱农村、爱农民”的基层农业信贷担保工作队伍。

体系建设情况：截至目前，33家省级农担公司共设立分支机构1 248家，共有专职员工3 000余人，对全国主要农业县的业务覆盖率大于92%，已建成上下联动、紧密可控的农业信贷担保网络体系。

业务开展情况：自2015年7月财农〔2015〕121号文件下发以来至2 020年3月末，全国农担体系累计新增担保项目74万个，新增担保额2 540.3亿元，相较于注册资本金，政策效能放大了4.29倍。各省级农担公司积极探索设计符合本省特点和新型经营主体需求的担保产品，深受当地农民欢迎，农业"融资难""融资贵"问题开始得到缓解，政策性效果逐步显现。国家农担公司稳步推进对省级农担公司的再担保业务，充分发挥为省级农担公司分险增信的作用，对符合"双控"标准的在保项目应担尽担。自公司成立至2020年3月末，累计纳入再担保项目26.6万个，金额1 225.2亿元；在保项目15.7万个，在保余额691.8亿元。表4–1所示为国家农担公司主营业务范围。

表4–1　国家农担公司主营业务范围

公司主要经营范围	再担保业务
	票据承兑担保、债券担保等融资性担保业务
	与担保业务有关的融资咨询、财务顾问等中介服务
	以自有资金进行投资

第二节　农业担保业务

一　农业担保公司及其业务内容

（一）农业担保公司的概念

担保公司是担负个人或中小企业信用担保职能的专业机构，担保公司通过有偿出借自身信用资源、防控信用风险来获取经济与社会效益。个人或企业在向银行借款的时候，银行为了降低风险，不直接放款给个人，而是要求借款人找到第三方（担保公司或资质好的个人）为其做信用担保。担保公司会根据银行的要求，让借款人出具相关的资质证明进行审核，之后将审核好的资料交到银行，银行复核后放款，担保公司收取相应的服务费用。

农担公司就是农业信贷担保有限公司，主要以“惠农担保，助农增收”为职责，以“政策性、专业性、规范性”为目标，充分发挥经营信用、分担风险和银农桥梁作用，为乡村振兴的发展注入“金融活水”。农担公司服务于现代农业发展，促进农民就业增收和农业提质增效。农担公司的成立是国家层面推进农业供给侧结构性改革、健全农业信贷担保体系、提升金融服务“三农”实力的重大举措。对一个公司的可信度主要关注两个方面：一是其合法性，即有国家有关部门核发的有效的营业执照、税务登记证、单位代码证以及法定的经营场所等；二是看担保事项的合规性，即担保业务是否属于核定的经营范围，是否存在附加条款等。如果还是难以确定一个公司的可信度，则可以咨询相关部门，普通的农业担保公司可以咨询当地工商局、农委，融资性农业担保公司可以咨询当地金融办。表4–2所示为农业担保公司的业务主体和业务范围。

表4–2　农业担保公司的业务主体和业务范围

担保业务主体	家庭农场
	种养大户
	农民合作社
	农业社会化服务组织
	小微农业企业
	国有农(团)场中符合条件的农业适度规模经营主体
担保业务范围	粮食生产、畜牧水产养殖、菜果茶等农林优势特色产业
	农资、农机、农技等农业社会化服务，农田基础设施
	与农业生产直接相关的一二三产业融合发展项目
	家庭休闲农业、观光农业等农村新业态

知识拓展4–2

安徽省农业信贷融资担保有限公司

安徽省农业信贷融资担保有限公司是安徽省人民政府批准设立的

省属国有企业，是安徽省财政厅履行出资人职责的政策性农业信贷担保机构。公司成立于2015年12月25日，现注册资本30亿元，以“行农担使命 助皖美振兴”为理念，聚焦农业强、农民富、农村美，专注为省农业适度规模经营主体提供融资担保服务，放大财政支农政策效应，补“三农”短板，全面推进乡村振兴，促进农业农村现代化。

公司的服务范围限定为粮食生产、畜牧水产养殖、菜果茶等农林优势特色产业，农资、农机、农技等农业社会化服务，农田基础设施，以及与农业生产直接相关的一二三产业融合发展项目，家庭休闲农业、观光农业等农村新业态。服务对象锁定为家庭农场、种养大户、农民合作社、农业社会化服务组织、小微农业企业等农业适度规模经营主体，以及支持辐射面广、带动力强、与农户利益联结紧密的农业产业化龙头企业。单户额度在10万～300万元，农业产业化龙头企业额度最高不超过1 000万元。

2021年全省新增担保户数28 388户，新增担保额134.4亿元，同比增长50.1%，新增担保额位列全国农担体系第5位，长三角地区第1位。截至2021年12月31日，累计为64 243户新型农业经营主体提供贷款担保319.36亿元；在保户数31 144户，在保余额142.52亿元，同比增长62%，在保放大倍数4.99倍；在保余额位列全国农担体系第8位，长三角地区第2位。公司先后获得“安徽省五一劳动奖状”“安徽省劳动竞赛先进集体”“第六届安徽省省属企业文明单位”及中部地区优秀融资担保机构等荣誉称号。

（二）担保公司的组织架构和监管

担保机构的法人治理结构与一般企业基本相同，包括股东会、董事会、监事会、总经理和副总经理，但根据担保机构的特点，在总经理层级上还要设立评审委员会和决策委员会。评审委员会的职责是对担保项目相关情况进行评议，在评议的基础上，决策委员会决定是否提供担保。各个相关部门的设立也极具担保行业特点：担保业务部门负责受理、运行担保项目，并对相应的业务流程进行规范，通过业务统计与分析及业务建档来规范和完善担保项目。风险管理部门负责全面的风险管理。

虽然事实上担保业务部门通过规范担保业务流程，在一定程度上减少了担保业务风险，但担保业务的全面风险管理由风险管理部门完成。其工作内容涵盖对项目预期风险的控制、资金的追偿、营运与处置风险资产；研发部门主要负责根据担保市场分析、相关政策法规、客户情况以及公司的战略定位对担保产品进行研发；评估部门担负起客户信用调查的职能，并根据调查结果制定相关的业务规范；投资部门负责担保机构投资业务，包括资金运用策略及方案设计。

（三）农业担保公司的业务流程

农业担保公司的具体业务流程是：首先由需要担保的企业和个人提出贷款担保申请。其次，担保企业考察被担保企业的经营情况、财务情况、抵押资产情况、纳税情况、信用情况、企业主情况，这主要通过实地调查和查阅账簿相结合的方式进行，然后根据调查结果初步确定担保与否。为了进一步确定客户的信用度，担保机构要与贷款银行沟通，进一步掌握银行提供的企业信息，明确银行拟贷款的金额和期限。最后，担保企业与客户签订担保协议和资产抵押及登记等法律手续，对有抵押资产的客户与其签订反担保协议；之后与贷款银行签订保证合同，正式与银行、企业确立担保关系后，企业开始接受银行发放的贷款，同时向银行缴纳担保费用。在项目执行过程中，担保企业将跟踪企业纳税情况、现金流的变化情况，以了解贷款使用情况和企业的运营状况。

在企业还贷前一个月，担保企业预先提示，以便企业提早做好还贷准备。在还款之日，担保公司凭企业的银行还款单，解除抵押登记，解除与银行、企业的担保关系。之后就是善后工作，包括记录本次担保的信用情况以供后续担保参考，并对相关记录归档，以备今后查档。

知识拓展4-3

再担保公司

再担保公司是为担保人设立的担保机构。当担保人不能独立承担担保责任时，再担保人将按再担保合同约定比例向担保人提供比例再担保或为担保机构提供一般连带责任担保。双方按约承担相应责任，享有相应权利。再担保是相对于原担保而言的，是担保链条的延续，与再保险相似，是再担保人对原担保人信用的增级或信用损失的弥补，也为维护与实现债权人利益起到保障作用。其基本运作模式是原担保人以缴付再担保费为代价将部分担保风险责任转移给再担保人。

再担保是一种特殊的担保形式，有其特有的设立条件和实践意义。再担保不同于共同担保、重复担保和反担保。可以设立再担保的主担保仅限于保证、抵押和质押，再担保的方式有保证再担保、抵押再担保和质押再担保三种。再担保人享有主担保人享有的一切抗辩权，同时也享有专属于再担保人的抗辩权。再担保人在承担再担保责任之后享有向债务人和主担保人的追偿权。

二、农业中小企业融资担保的风险

（一）经营风险

农业企业一般从事家禽养殖及农副产品加工、农作物的种植加工等，处于经济产业链的最低端，这类企业不仅面临着生产经营方面的风险，还承担着市场不断变化的风险。对于农业企业而言，它们大多数生产经营规模都较小，自有资金少，原始积累较薄弱，在企业刚成立时期，招聘的人员少，整个企业资产总额和销售额都较少，且农作物种植和家禽养殖业的生产周期都较长，季节性明显，一旦投入资金，不仅资金周转缓慢，而且相应的设备使用率不高，生产的各种成本及财务费用相对较高。面对自由竞争的社会环境，农业企业的抗金融风险能力弱。而且，农业企业抵御自然风险的能力也较弱。原因是自然界的干旱、暴风雨、病虫害等因素都会影响养殖企业和农作物种植企业的生产经营，轻则使得生产成本增加，重则绝产绝收。而一些鲜活农产品本身的特点也可能会给农业企业带来损失。当担保机构为这类农业企业提供担保服务时，自身的权益是很难得到保障的。长此以往，担保机构对农业企业的担保积极性将逐渐降低，最终导致农业企业融资更加困难。

（二）信用风险

担保机构选择合作企业最看重的一点是企业的信用状况。在农业企业中有时会存在虚假股东、虚假投资等现象，目的是想通过非正常手段在不符合担保条件的情况下，获得担保机构的支持，从而获得银行贷款。这些农业企业的经营场地多为租用地或承包经营用地，当获得贷款后，一旦企业出现生产经营困难、资金周转困难，之前的虚假股东就会无所顾忌地离开，企业也将人去楼空。

（三）财务风险

对于一些加工类的农业企业，他们为了逃避税收，故意对税务部门隐瞒企业真实的财务信息，把企业的部分营业收入不入账，利润不显现。与之对应的，另外一些企业，为了蒙蔽担保机构，骗取银行支持，故意做大净资产和净利润，或者虚报企业的生产规模、经营业绩及相关荣誉。此外，农业企业由于经营规模小，大多采取现金交易，会计核算不规范，账务处理随便，使得企业的财务账表的数据缺乏可靠性。农业企业的以上这些做法都使得担保机构在提供担保服务时，因难以了解企业的真实财务状况，故而难以做出抉择而产生风险。

三 农业担保公司存在的客观必要性

首先，农业是弱质产业，自然风险大，农业投资收益率不高。加上农业具有担保不足和信用环境缺失等先天性缺陷，银行信贷投入较多往往风险很大，从客观上很难形成农业对外部资金的吸引优势。由于农业存在进入正规金融部门的限制，又缺乏贷款担保机制，因此只能求助于各种非正规金融。

其次，非正规金融机构作为正规金融制度安排供给不足的产物，承担了一系列激励和信息服务职能，但其优势主要集中在小规模和孤立客户上，不可能得到大范围的发展。而随着社会的发展，农业越来越趋向于规模化生产、产业化经营、市场化运作，这就对金融支持提出了更大的需求，而农业担保公司正是构架农业与金融机构之间的桥梁。

最后，面向农户的小额信用贷款能削减小额信贷的信息成本，无疑是一种金融创新，但因缺乏市场化操作而无法形成规模经济。一个专业化的担保机构能够凭借其为多方提供担保而分散风险，从而对信用交易活动起到积极推动作用。因而，农业担保公司的存在就成为一种需要和必然。

知识拓展4-4

健全农村中小企业担保体系

中小企业信用担保是指担保公司与银行等债权人约定，当被担保的中小企业没有履行合同约定的债务时，担保公司承担约定的责任或履行债务的行为。担保公司在中小企业自身无力提供足够的贷款担保时，作为第三方来承担一定的风险和责任，通过规范的运作为中小企业和商业银行牵线搭桥，从而引导社会资本特别是银行资金向中小企业顺利流动。针对中小企业融资渠道过窄的问题，政府需要采取以下措施，健全中小企业担保体系，拓宽融资渠道：

第一，鼓励信用担保机构资金的多元化。在美国，中小企业信用担保体系就有地方政府、专门担保机构、社区三种形式。大力发展中小企业直接融资市场，积极拓展直接融资渠道，积极发展以社会资金为主、政府引导性资金为辅的“民办公助”担保机构，使其与政府出资设立的担保机构拥有相同的优惠政策。由于要支持中小企业发展和加强与信用社密切合作，这些担保机构需要满足完善的担保机构的市场准入条件、资金注入和风险补偿条件、信用评级条件、风险控制和损失分担条件等。

政府主管部门要加强对担保机构的引导、管理和监督，充分发挥担保机构在中小企业融资中的保障作用。

第二，加强中小企业资本市场建设。我国虽已建立了中小企业板市场，但由于其受上市规则、条件等的限制，广大中小企业通过资本市场融资仍然有困难。对《中华人民共和国私营企业暂行条例》《中华人民共和国证券法》等相关法规进行修改，适当降低门槛，开辟有利于中小企业融资的资本市场，形成中小企业的风险投资机构，让那些经营运作良好、有发展潜力的中小企业上市直接融资或推行企业债券发行制度，进行债券融资。同时，致力于丰富投资资金的种类，重点发展中小企业的风险投资基金及天使基金，为正处于初始阶段和成长阶段的中小企业提供融资支持。

第三，大力发展专为中小企业服务的中小型银行。由于中小企业的贷款次数多、金额少，传统大型金融机构的繁杂手续使中小企业的贷款成本陡然上升。而中小银行多为地方性组织，更了解当地中小企业的经营管理水平和资信状况，获取有关中小企业经营状况的信息成本较低，可以较好地克服信息不对称问题，简化中小企业融资手续，降低其融资成本。而且，中小银行在提供金融服务时更为迅速、效率更高，更适应中小企业发展的需要。

第三节　案例选编

一　劝耕贷"贷"来农业发展新动力

近年来，在财政政策的支持下，阜阳市扎实推进构建"政银担"三位一体的新型农业担保体系，积极创造财政支农新支点，用财政的资金、担保的杠杆，有力撬动金融资源，有效解决了新型农业经营主体"融资难"

"融资贵"的问题，打通了金融服务新型农业经营主体"最后一公里"。自2017年开展"劝耕贷"工作以来，全市累计担保贷款额达30.6亿元，为阜阳市发展现代农业注入了金融"活水"。服务对象精准定位。"劝耕贷"致力于培育新型农业经营主体发展，服务对象锁定为家庭农场、种养大户、农民合作社、农业社会化服务组织、小微农业企业等农业适度规模经营主体，以及支持辐射面广、带动力强、与农户利益联结紧密的农业产业化龙头企业。

财政奖补有效发力。通过让财政政策和金融政策联合发力，市政府制定出台《阜阳市促进现代农业发展扶持奖补政策》，将"劝耕贷"纳入奖补范围。对当年通过"劝耕贷"贷款的农业生产经营主体，财政部门按同期银行贷款基准利率50%的标准给予贷款贴息。2020年全市各级财政及时兑现2019年"劝耕贷"财政贴息555万元，有力支持了阜阳市新型农业经营主体发展壮大。

全市通过成立专门机构，健全工作机制，落实专职人员，加大宣传力度，优化办理流程，扎实推进县级担保网络建设，不断将机构和业务向基层一线延伸。2020年阜阳市新发生担保项目2 936个，担保贷款额19.8亿元，完成市委市政府制定的年度目标任务的198%，取得了历史性突破，对助力阜阳市农业产业发展，振兴乡村经济起积极的推动作用。表4–3所示为临泉县农商行提出的"劝耕贷"准入条件。

表4–3　临泉县农商行提出的"劝耕贷"准入条件

公司类客户	借款人依法设立，借款人在临泉县域内有固定的经营场所，具有一定的农业生产技术水平，生产经营合法、合规
	从事农副产品加工、流通的企业须为农业产业化龙头企业
	借款人具有持续经营能力，有合法的还款来源和按期还本付息的能力
	借款人信用状况良好，无重大不良信用记录
	在临泉农村商业银行已开立基本账户或一般存款账户，自愿接受信贷监管和结算监督，如实提供有关经营情况和财务报表

续表

个人类客户	具有完全民事行为能力且年龄加上贷款期限不超过60周岁
	具有合法有效的身份证明及婚姻状况证明等
	遵纪守法，无违法行为，具有良好的信用记录和还款意愿
	在本县域内有固定的经营场所，具有一定的农业生产技术水平，生产经营合法、合规，有按时足额偿还贷款本息的能力
	粮食种植户规模原则不低于50亩，具有2年以上种植经验

二 农业担保破解融资难题

2020年以来，亳州市针对疫情对新型农业经营主体的不利影响，创新金融支持方式，积极发挥政府性担保机构增信作用，结合“大数据”应用，在谯城区探索开展“农信担”系列服务，有效破解了新型经营主体“融资难”“融资贵”问题。

“农信担”是针对农民合作社、家庭农场等新型农业经营主体定制的政策性信贷担保产品，无须抵押物，授信期限3年，可随用随借和分次还贷，年化利率不超过6%，最高可贷300万元，年化担保费率低至0.8%（试行期间，担保费免收）。

“农信担”产品主要支持对象为亳州市谯城区域内从事粮食种植、药材种植、禽类养殖、农产品初加工等生产经营，且有真实贷款需求的新型农业经营主体。凡符合条件且有资金需求的新型农业经营主体，均可申请担保贷款，无须提供抵押物，获得纯信用担保支持。

依据“大数据”信贷审批模型，贷款人获得贷款额度后，合作银行发放相应额度的优惠贷款。新型农业经营主体获得贷款后可用于与生产经营有关的基础设施建设、扩大和改进生产、土地长期租赁、流动资金等方面。表4-4所示为“农信担”的特点。

表4–4 “农信担”的特点

审批快	依托“大数据”应用，对贷款主体进行多方面信息采集，通过金融机构的线上风控模型，测算出与其资产、经营等相匹配的贷款额度，简化担保审批流程，两天内即可完成担保审批
纯信用	采用纯信用的反担保方式，无须提供抵质押物。根据农业经营主体履行订单短期需要大额资金的特点，以农产品订单等作为担保、授信依据，加强资金监管、确保专款专用，帮助农业经营主体融资
费率低	该系列担保产品年化费率降至0.8%，对订单农业涉及的大宗货物监管产生的监管费用、保险费用等，均由担保公司承担

“农信担”是安徽担保机构助力乡村振兴，服务地方农业发展的典型产品。该产品是由亳州市政府性融资担保机构为新型农业经营主体开发的纯信用批量化线上融资担保业务，打破传统“一户一策”的业务办理方式，借助地方政务大数据和合作银行金融科技优势，创新开发的线上操作、见贷即保、一次授信、随借随还的批量化纯信用金融产品，并免收新型农业经营主体担保费，由市财政对政府性融资担保机构给予担保费补贴。截至2021年10月，“农信担”已为663户农业新型经营主体提供融资担保1.97亿元，首贷率达86.4%。

自2021年以来，安徽省政府性融资担保系统认真贯彻落实乡村振兴战略，进一步深化政银担合作机制，积极创新产品模式，着力增强金融支持乡村振兴的综合服务能力。截至目前，安徽已创新开展包括亳州“农信担”、六安“乡村振兴贷”、黄山“茶叶贷”、金寨“农业产业振兴贷”等聚焦乡村振兴类担保产品近20个。

第五章 农村投资理财

第一节 农村投资理财概述

一 什么是投资理财

理财是指对资金做出最明智的安排和运用,使金钱产生最高的效率和效用。理财是包括人生和财富的全部规划,既包括各种生活的保障,也包括合理的避税、不动产的投资规划,甚至包括养老规划和遗产规划等。

投资不等于理财,理财是比投资宽泛得多的概念。投资是指牺牲或放弃现在可用于消费的价值以获取未来更大价值的一种经济活动。投资活动主体与范畴非常广泛,但在本书中所描述的投资主要是家庭投资,或叫个人投资。我们举个例子来解释此句话:如果你手上现有1 000元闲钱,你可以拿来帮孩子买几件衣服;可以请一帮朋友到家里来聚餐;也可以存入银行,5年后可获得利息;或者买入股票或基金,等待分红或涨升;或者从古玩市场买入字画,等待增值;再或者参股朋友开的小店,分得利润。前面两种情况就是花掉金钱(价值),获得消费与全家的享受。后面几种情况就是放弃现在的消费,以获得以后更多的金钱,这就是投资。

可见,理财活动包括投资行为,投资是理财的一个组成部分。上文的例子所提及的投资理财指家庭或者个人通过各种投资行为来实现合理理财的目的。

二 家庭理财

家庭理财就是合理、有效地处理和运用钱财，让家庭开支发挥最大的效用，最好地满足生活需要。家庭理财按开源节流的原则，增加收入，节省支出，用最合理的方式来实现一个家庭所希望的经济目标。这样的目标包括小到柴米油盐、家电用品、外出旅游，大到购房买车、教育投资、退休生活等。家庭理财讲究理财规划，包括理财目标、掌握收支及资产债务状况、利用投资渠道来增加家庭财富。

家庭理财的全盘规划应将生命周期中的不同阶段凸现出来，一般情况下，人从出生到20岁左右主要是受教育和学习知识、技能，财力大多来源于父母；步入社会开始工作后，家庭开支主要是满足成家立业、养育子女的需要；40～60岁收入渐增，地位渐高，子女长大成人，主要为退休后的生活做准备；60岁之后退出工作，理财主要考虑如何妥善运用手中的退休金和前期积蓄（图5-1）。在理财前，要掌握自己家庭的财务现状，弄清月收支情况、资产、负债等；支与存要适当，既可以满足生活开支，也要有所储备。储备主要是用来应付意外情况或大的开支，如暂时的失业、医疗、购房、购车、子女教育等。

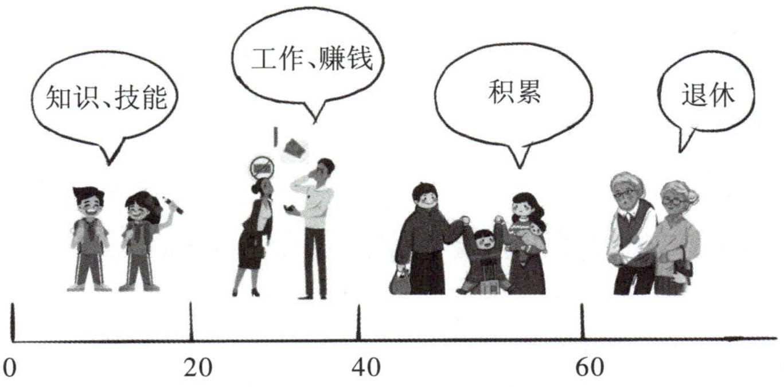

图5-1 人生不同阶段的理财规划

三 家庭理财的“六条原则”

（1）做金钱的主人。树立钱是为人服务的观念，积累财富的目的是让家庭实现财富自由。

（2）养成节约的习惯。无论家庭财力的情况如何，节约是一种财富美德。

（3）学会对大宗财富支出进行规划。对家庭的大额消费进行合理计划，可以优化家庭支出的结构。

（4）学会投资，让钱生钱。财富是有时间价值的，如果我们不会进行有效的金融投资，现金资产就会被通货膨胀所侵蚀；所以家庭生活需要理财，家庭成员要学会让家庭财富保值升值。

（5）善于控制投资风险，避免重大的家庭财产损失。“股神”沃伦·巴菲特有一句理财箴言：投资理财有两个法则，一是无论在什么情况下，保住本金是最重要的；二是谨记第一条。

（6）要有风险责任意识。投资必定有风险，特别是股票、期货等投资产品，高收益必定伴随高风险，投资者要有风险自担的意识，对自己的行为负责，学会积累投资成功与失败的经验教训。

四 投资理财的风险管理

（一）什么是风险

风险就是在投资过程中由于各种不确定性因素的作用，对投资过程产生不利影响的可能性。

投资总有风险相伴随，如果投资者将视角从收益转向损失，他就开始了理性的思考：避免风险。投资者思考风险问题时，往往是从“可能造成多少损失”开始的。尽管损失是所有投资者都不愿看到和遇到的，但他们不得不对此深切关注。

(二)家庭投资的风险种类

1.利率风险

利率风险指利率的变化给家庭投资带来的风险。当利率上升时，家庭储蓄的投资收益率就会提高；反之，当利率下跌时，家庭储蓄的利息收入就会减少。

2.购买力风险

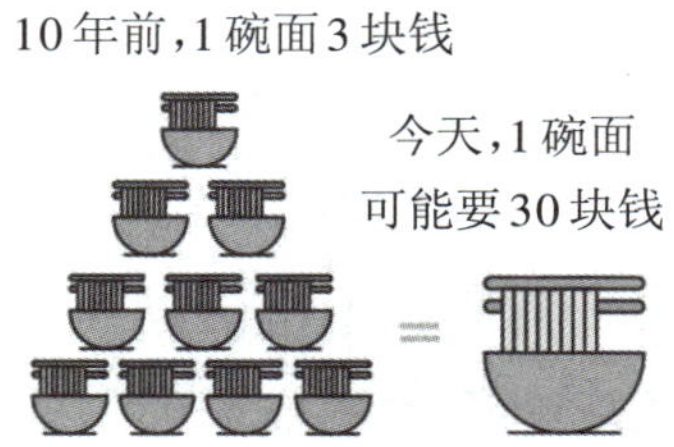

购买力风险是指货币购买力的变化给居民带来的损失。货币购买力指货币所能购买到商品数量的能力。投资是有一定期限的，在这期间如果物价上涨，那么，即使有投资收益，但由于货币购买力下降，就可能使投资者所回收货币的实际价值比投资前还低。例如，某人投资 1 000 元购买某公司股票，假定每年的股息率都是 10%，则一年可获股息 100 元。从货币数量上看，他获得了投资报酬没有损失。但在一年内物价上涨了 1 倍，100 元股息购买力损失一半，相当于投资时的 50 元。根据年初和年末的购买力对比，收益率名义上是 10%（100/1 000×100%），实际上是 5%（50/1 000×100%），这叫收益相对减少。他若在年末将股票按买入价卖出可得 1 000 元，但由于物价上涨 1 倍，货币就贬值了一半，即他现在的 1 000 元只相当于年初的 500 元。

3.经营风险

经营风险主要是由于经营管理不善而给投资者造成的损失。企业由于经营管理不善，盈利不多，甚至亏损，股东（投资人）可能得不到股息红利，债券持有人的利息、本金可能也得不到公司按时支付、偿还。如果公司倒闭，投资者还可能赔本。

4.经济环境风险

个人是在一个国家或一个地区内进行投资的，该范围内的整个经济

状况与投资市场息息相关，也就是与个人投资的盈亏息息相关。各国经济发展都具有周期性。

5.变现风险

变现风险指家庭在急需资金时，将资产出卖换成现金而发生损失的可能性。当居民急需现金出卖资产时，可能市场价格正下滑，或该种资产不易在短期内找到合适的买主而随便低价脱手，损失不可避免。

6.政策风险

当今世界各国都在运用各种经济政策来调节和干预国民经济，这对投资市场影响很大。如增加税收，会使投资收益减少，或使某些资产价格上涨；紧缩银根，减少贷款，政府抛售大量证券（国债）回笼货币，会使投资市场价格下跌，此时卖出资产者将遭受损失。

此外，个人投资还可能遇到违约风险、政治风险、军事风险、操纵风险、意外事件风险等。

（三）投资人风险偏好类型

由于不同的投资者对于风险有着不同的态度，所以一般将投资者划分为5种风险偏好类型。

（1）保守型。不想承担任何风险，投资理财的目的在于保值，这类投资者适合购买银行储蓄、货币基金、国债等产品。

（2）稳健型。害怕风险，但是又希望在保本的基础上有一定的收益，这类投资者适合买债券、银行中短期理财产品等。

（3）平衡型。综合考虑风险和收益，风险承受能力适中，这类投资者可以尝试以购买货币基金＋股票＋外汇等组合方式投资。

（4）积极型。倾向于有高风险，但是收益高的理财投资，对风险并不惧怕，这类投资者适合以购买股票或者偏股基金等方式投资。

（5）激进型。热衷于在高风险中博取高收益，不怕本金损失，这类投资者适合以购买股票、外汇、数字货币、金融衍生产品等方式投资。

五 家庭理财怎样回避投资风险

家庭理财是为了更快地积累家庭的财富，与企业投资类似，也应讲究投资技巧，较好地回避投资风险，以取得最好的投资回报。家庭理财回避风险至少应注意以下几个问题。

（1）树立风险意识，学会回避风险。在市场经济中，风险与收益并存，一般来说，投资回报越高，投资风险也越大；不同的投资方式，其风险程度差异很大。

（2）认真分析自己的投资条件。每个家庭都可能有一个雄心勃勃的投资计划，但制订这个计划必须从实际情况出发，要看清自身具备的条件：①投资总量要根据自己的经济实力，而不能凭空想象。②未来可望得到的收入。家庭的全部资金首先应划分为消费资金和投资资金，前者用于目前的消费，后者用于投资以便将来获得利益。这两部分资金怎样分割取决于家庭未来可望得到收入的多少。收入多且有保障，则就可以少留消费资金。

（3）年龄大小。如果居民的年龄小，比如20多岁或30多岁，就应更多地进行劳动力方面的投资，即将更多的钱用于学知识、学技术，这样一次投资，终生受益。反之，若年纪较大，如五六十岁，进行劳动力方面的投资的收益比较低，则应尽可能将资金用于回收期短的投资领域。

（4）注意收集经济信息。对投资者来说，信息就是金钱。个人投资的基本原则就是在市场上低价进，高价出。市场价格经常变化，有时大起大落。影响市场价格变化的因素有多种，既有宏观经济形势，也有地区经济因素；既有国内经济因素，也有国外经济因素；既有政治因素，也有军事因素。你如果能比别人较早地掌握某种市场价格变化的信息，哪怕是早一小时，你就能从中获取较大的利润或避免较大的损失。

下列信息是投资者应特别关注的：①直接的市场信息，如商品价格信息、股票价格信息、外汇价格信息等。通过多看报纸、电视就可以了解市场信息。②宏观经济形势的信息，如投资总规模及其变化，物价总水平及其变化，经济增长速度及其变化，居民收入水平及其变化等。主要从官方公开发布的统计月报、季报和年报，专家研究报告等渠道获得。③经济政策信息，如国家或地方政府是否有重大经济政策出台，原先的经济政策有哪些调整，经济管理体制有哪些转变等，这些方面的信息主要从中央或地方广播电视报纸了解。④局部经济信息，主要指与居民投资有关的经济信息，如与股票投资有关的信息，与房地产投资有关的信息，与农产品生产销售有关的信息等。

（5）要核算投资的各种成本。投资成本最直接、最显而易见的是投资者所投入的资金数量。如某农户投资8 000元购买了一台手扶式拖拉机，为买一套房产投入20万元。但是，核算投资成本不仅要核算投入的资金，还要核算你所投入的时间、知识、各种社会关系。

（6）慎重选定投资组合方式。以金融资产投资为例，每一种金融投资方式都有优点也有缺点，家庭的金融投资应根据自身的条件和一定时期要实现的目标，尽可能把多种金融投资方式进行恰当组合，以便把投资风险降到最低。

知识拓展5-1

理财规划的一般定律

一、“4321定律”

“4321定律”是针对收入较高的家庭，这些家庭比较合理的支出比例是：40%用于买股票、基金等方面的投资产品；30%用于家庭的生活开支；20%用于银行存款，以备不时之需；10%用于保险。按照这个定律来安排资产，既可以满足家庭生活的日常需要，又可以通过投资保值增值，还能够为家庭提供基本的保险保障。

二、“80定律”

一般而言，随着年龄的增长，进行风险投资的资产比例应该逐步降低。“80定律”就是随着年龄的增长，应该把总资产按(80−年龄)×1%比例投资于股票等风险较高的投资品种。比如，如果您现在30岁，那么您应该把总资产的50%[50%=(80−30)×1%]投资于股票；当您50岁时，这个比例应该是30%。

三、房贷“三一定律”

房贷“三一定律”是指，每月的房贷金额以不超过家庭当月总收入的三分之一为宜，否则您会觉得手头很紧，一旦碰到意外支出，就会捉襟见肘。

需要说明的是，这些小定律都是生活经验的总结，并非放之四海而皆准的真理，还是要根据个人的实际情况灵活运用。

第二节　投资理财类别

投资理财包括的范围非常广阔，我们常见的投资方式包括实业投资，如个人店铺、开办企业；也包括金融投资，如最安全的银行储蓄，风险相对较高但收益也比较高的股票、债券、基金等投资；还有可以帮助投资者防范风险和规避风险的投资——保险。

除此之外，针对不同角度可以将投资理财分为不同类型。

(1)按内容不同可分为金融投资和经济投资。

(2)按形式不同可以分为直接投资和间接投资。

(3)按投资收入是否固定可以分为固定收入投资和不定收入投资。

(4)按投资的时间长短可以分为长期投资和短期投资。

(5)按投资的性质不同可以分为固定资产投资和流动资产投资。

下面介绍几种常见的投资理财方式。

一 银行储蓄

银行储蓄是家庭最基本的投资。储蓄存款就是个人存款，是指个人把闲置的资金存入银行，并可以随时或按约定时间支取款项的一种信用行为。简单地说，储蓄存款就是个人借钱给银行使用。

（一）银行储蓄的特点

风险小：因为商业银行信用度高，效益相对较好，所以商业银行一般不会违约。即便监管机构宣布银行倒闭，也能获得一定的赔偿；或者其倒闭后被兼并或并购，依然会偿还储户的本金或利息。

期限灵活：储蓄存款基本上可分为活期和定期两种，又能细分为：活期储蓄、整存整取、零存整取、定活两便、通知存款等种类。并且每个种类有不同的期限，储户可以根据资金的闲置时间选择短、中、长期存款。

收益相对较低：储蓄存款的前两大特点决定了其收益不高。

（二）银行储蓄的品种（表5-1）

表5-1　储蓄品种

<table>
<tr><td rowspan="7">储蓄存款</td><td colspan="2">活期存款</td></tr>
<tr><td rowspan="4">定期存款</td><td>整存整取</td></tr>
<tr><td>零存整取</td></tr>
<tr><td>存本取息</td></tr>
<tr><td>整存零取</td></tr>
<tr><td colspan="2">定活两便存款</td></tr>
<tr><td colspan="2">华侨（人民币）定期储蓄</td></tr>
</table>

（1）活期储蓄存款。此种存款是指事先不约定存款期限和取款日期，可随时存取、存取金额不限的一种个人存款种类。一般以存款货币的基本单位（如人民币为1元、美元为1美元等）为起存金额，多存不限。按支取日（结息时按结息日）银行挂牌利率计算利息。国内银行每季度结计利息一次，结息日为每个季度末的20日，次日将上一季度的利息并

入本金。

（2）整存整取的定期存款。指客户在存款时约定存款期限、整笔存入、到期一次支取本金利息的一种个人存款种类。一般以人民币50元或等值100元的外币为起存金额。人民币存款存期分为三个月、六个月、一年、两年、三年和五年。外币存款存期分为一个月、三个月、六个月、一年和两年。按存入日银行挂牌利率计算利息。

（3）零存整取的定期存款。指客户在存款开户时约定存款期限，定期按固定金额存款一次，到期一次支取本金和利息的个人存款种类。客户按约定日期到银行存入固定金额的存款，一般为按月，人民币5元起存。存期分一年、三年、五年。按开户存入日银行挂牌利率计算利息。

（4）存本取息的定期存款。指客户在存储开户时约定存款期限，整笔一次存入，定期分次取息，到期还本的一种个人存款种类。一般5 000元起存。存期一般分为一年、三年、五年。支取期可约定为一个月、三个月、半年一次。按开户日银行挂牌利率计算利息。

（5）整存零取的定期存款。指客户在存款开户时约定存款期限，一次存入，分次均衡支取本金，到期支取利息的一种存款种类。一般1 000元起存。存期分一年、三年、五年。支取期可约定为一个月、三个月、半年一次。按开户日银行挂牌利率计算利息。

（6）定活两便储蓄存款。指客户在开户存款时不约定存款期限，可以随时支取，银行根据客户存款的实际存期按规定利率计算利息的一种个人存款种类。一般50元起存。按支取日相应档次的银行挂牌整存整取定期储蓄存款利率打六折计算利息。

（7）华侨（人民币）定期储蓄。华侨、港澳台同胞由国外或港澳台地区汇入或携入的外币、外汇（包括黄金、白银）售给中国人民银行或在各专业银行兑换所得人民币作为存储本金的一种个人存款种类。该存款为定期整存整取。存期分为一年、三年、五年，存款利息按规定的优惠利率计算。该种储蓄支取时只能支取人民币，不能支取外币，不能汇往港澳台地区或国外。存款到期后可以办理转期手续，支付的利息亦可加入本金一并存储。

知识拓展5-2

“72定律”

如果您存一笔款，利率是x%，每年的利息不取出来，利滚利，也就是复利计算，那么经过“$72/x$”年后，本金和利息之和就会翻一番。举个例子，如果现在存入银行10万元，利率是每年6%，每年利滚利，则12(12=72/6)年后，银行存款总额会变成20万元。

二 股票

股票是一种有价证券，是股份有限公司签发证明股东所持股份的凭证。持有者有权分享公司的利益，同时也要承担公司的责任和风险。如果您认购了股票，那么就不能再要求退股，抽回自己的投资。但可以在股市上进行交易，转让给其他购买者。股票有收益性、风险性、流动性、永久性、参与性这些特点。

(一)股票的种类

依不同的标准和方法，股票主要可分为下列几类：按是否记名划分，可分为记名股票和不记名股票；按有无面额划分，可分为有面额股票和无面额股票；按股东享有的权利划分，可分为普通股票和优先股票；按上市地区划分，可分为A股、B股、H股、S股及N股。

其中，A股即人民币普通股票，它是由我国境内的公司发行，供境内机构、组织或个人(不包括港、澳、台投资者)以人民币认购和交易的普通股股票；B股也称人民币特种股票，是指那些在中国内地注册、在中国内地上市，以人民币标明面值，能以外币认购和交易的特种股股票；H股是指那些在中国大陆注册，在香港(Hong Kong)上市的股票；S股是指那些主要生产或者经营等核心业务在中国大陆而企业的注册地在新加坡(Singapore)或者其他国家和地区，但是在新加坡交易所上市挂牌的企业股票;N股是指那些在中国大陆注册、在纽约(New York)上市的外资股。

(二)购买股票的途径

您若有意将手头所拥有的资金投资于股票,则必须通过交易市场参与公开竞价买进,这是从事股票投资最主要的途径。从事股票投资的另一个途径,就是申请公开发售的新股(初始股票)。

任何人只要有钱,都可以经由股票市场买进股票,成为公司的股东。股票市场的交易,是由众多买进股票投资人及卖出股票投资人的供需关系所决定。这种供需关系所决定的股票行情,可视为当时的均衡价格,也就是买卖双方都认为合理的价格。事实上,当时的均衡价格随时会有变动,随时会有另一新的均衡价格出现,所以通过市场买卖股票必须谨慎分析研究判断,才能减少风险,增加利润。

(三)农村股民投资股票会遇到两大问题

农村股民投资股票,一是缺乏专业知识,难以对上市公司做出深入的投资分析和科学的判断。股民即使具备专业知识,也不大可能千里迢迢奔赴某上市公司进行现场深入调查。二是实力小、风险大。不同股票的风险大不相同,收益也差别很大,如果把资金全都投入到一只股票上,毫无疑问风险是非常大的。因此,把资金投入到多只股票建立投资组合可以分散风险。但这也要根据股民的自身情况,一般农民个人的资金量很小,如果再进行分散投资,频繁交易就得支付很高的佣金,很不划算。

三 基金

证券投资基金是通过发行基金集中投资者的资金,由基金托管人托管、基金管理人管理和运用资金,从事股票、债券等金融工具投资,以获得投资收益和资本增值。

(一)基金的特征

1.集合理财

将零散的资金巧妙地汇集起来,交给专业机构(基金管理公司)投资于各种金融工具,以谋取资产的增值。

2.分散风险

把零散的资金聚少成多以后可以实现资产组合的多样化,分散投资于多种证券,一方面借助庞大资金和投资对象众多的优势,使投资者所面临的投资风险变小;另一方面又利用不同的投资对象之间的互补性,达到分散投资风险的目的。也就是我们经常说的"不要把鸡蛋放在一个篮子里",如果鸡蛋放在一个篮子里,一旦篮子掉到地上,所有的鸡蛋都会摔碎,而如果将鸡蛋分散放到几个篮子里的话,一个篮子掉到地上,只能摔碎一部分鸡蛋,其他的鸡蛋还是好的,可以帮助投资者降低风险。

3.专业理财

基金实行专家管理制度,钱都是交给基金管理公司进行投资,基金管理公司有大量的专业管理人员,这些专业管理人员都经过专门训练,具有丰富的证券投资和其他项目投资经验,比投资者自己直接进行投资风险要小得多。

总体来说基金投资比个人投资更安全,收益也更有保障。但投资基金同样有风险,市场上也有表现很差的基金。

(二)基金的分类

证券投资基金按基金单位是否可增加、赎回,分为开放式基金和封闭式基金;根据组织方式不同,分为契约型基金和公司型基金;根据投资目标不同分为成长型基金、收入型基金、平衡型基金;根据投资对象的不同,分为股票型基金、债券型基金、货币型基金、指数型基金、黄金基金、衍生证券基金。

其中,开放式基金和封闭式基金共同构成了基金的两种基本运作方式。开放式基金是指基金规模不固定,基金发起人可根据市场供求情况发行新份额，基金持有人也可根据市场状况和自身投资决策，确定是否增加认购或赎回基金份额。封闭式基金是指基金规模在发行前已确定，在发行完毕后和规定的期限内，基金规模固定不变的投资基金。

开放式基金是我国比较流行的由专家帮助理财的一种集合投资理财产品。开放式基金也是世界各国基金运作的基本形式之一，已成为国际基金市场的主流产品。

四 债券

债券是政府、金融机构、工商企业等直接向社会借债筹措资金时，向投资者发行、承诺按一定利率支付利息并按约定条件偿还本金的债权债务凭证。债券的本质是债的证明书，具有法律效力。债券购买者与发行者之间是一种债权债务关系，债券发行人即债务人，投资者（或债券持有人）即债权人。

（一）债券的特征

债券作为一种重要的融资手段和金融工具有如下特征：

(1)偿还性。债券一般都规定有偿还期限，发行人必须按约定条件偿还本金并支付利息。

(2)流通性。债券一般都可以在流通市场上自由转让。

(3)安全性。与股票相比，债券通常规定有固定的利率，与企业绩效没有直接联系，收益比较稳定，风险较小。此外，在企业破产时，债券持有者享有优先于股票持有者对企业剩余资产的索取权。

(4)收益性。债券的收益性主要表现在两个方面，一是投资债券可以给投资者定期或不定期地带来利息收入；二是投资者可以利用债券价格的变动，买卖债券赚取差额。

（二）债券的分类

(1)债券按发行主体分类，可分为政府债券、金融债券、公司债券。

政府债券的主要用途是解决由政府投资的公共设施或重点建设项

目的资金需要和弥补国家财政赤字；金融债券的发行主体是银行或非银行金融机构，发行债券的目的主要是筹资用于某种特殊用途或者改变本身的资产负债结构；公司债券的发行主体是股份公司，但有些国家也允许非股份制企业发行债券（企业债券）。公司债券的风险相对政府债券和金融债券要大一些。

(2)债券按付息方式分类，可分为零息债券、附息债券与息票累积债券。

零息债券指债券合约未规定利息支付，通常这类债券以低于面值的价格发行，债券持有人实际上是以买卖价差的方式取得债权利息。附息债券是指在债券存续期内，债务人对持有人定期支付利息（通常每半年或每年支付一次）。按计息方式不同，其又可细分为固定利率和浮动利率付息债券。其中，有些付息债券可以根据合约条款推迟支付定期利息，故称为缓息债券。息票累积债券是指规定票面利率，但持有人必须在债券到期时一次性获得本息，存续期间没有利息支付。

(3)按债券形态分类，债券可分为实物债券、凭证式债券、记账式债券。

实物债券是一种具有标准格式实物券面的债券。无记名国债就是实物债券。实物债券是一般意义上的债券，采用实物券的形式，不记名，不挂失，可上市流通。凭证式债券是一种收款凭证。我国1994年开始发行凭证式国债，通过各银行储蓄网点和财政部门国债服务部面向社会发行，券面上不印制票面金额，可记名，可挂失，不能上市流通。在持有期内，可到原购买网点提前兑取，利息按实际持有天数及相应的利率档次计算，按兑付本金的2‰收取手续费。记账式债券是没有实物形态的票券，利用证券账户通过电脑系统完成交易全过程。我国1994年开始发行记账式国债，投资者进行记账式债券买卖，必须在证券交易所设立账户。记账式债券可以记名、可挂失，安全性高，无纸化，发行时间短，发行效率高，交易手续简便，成本低，交易安全。

五 保险

天有不测风云，人有旦夕祸福。对“不测风云”和“祸福”，我们是无法预测的，这便是风险。风险虽不可测，但人类想出了对付风险的办法：每个人平时都拿出很少的钱，汇集成巨大的“资金池”，当这群人当中的少数人遇到意外风险时，就从“资金池”中拿出一部分帮助他们渡过难关，这就是保险。所以说，保险是指将风险从某个个人转移到团体，并在一个公平的基础上由团体中的所有成员来分担损失。“居安思危”是每个参与者的基本心态，因为风险无处不在。

（一）保险的分类

（1）按照保险标的不同，可分为财产保险和人身保险。

（2）按照保险业务承保方式不同，可分为原保险和再保险，见图5-2。

图5-2　原保险和再保险示意

（3）按照被保险人的不同，可分为个人保险和团体保险。

（4）按照保险实施方式不同，可分为自愿保险和强制保险。

（5）按照保险政策类别不同，可分为商业保险、社会保险和政策性保险。

以下是两种常见保险：

（1）财产保险。财产保险是指以财产及相关利益为保险标的的保险。包括财产损失保险、责任保险、信用保证保险和农业保险。

①财产损失保险。财产损失保险是以承保客户可能的财产物资损失为内容的各种保险业务的统称。财产保险是最常见的保险险种，如火灾险、运输险、工程险等。

②责任保险。责任保险的保险标的是某种民事赔偿责任。就是说，致害人（被保险人）对受害人依法承担民事损害赔偿责任或其他约定的

合同责任，当被保险人对受害人履行赔偿责任时，由保险公司来赔偿。责任保险分为公众责任保险、产品责任保险、雇主责任保险及职业责任保险等。

③信用保证保险。如果出口商向国外某企业出口了货物后，担心对方信用不好，就可以向保险公司签订合同购买保险，如果对方赖账或破产，保险公司就要代该进口商向出口商付款，这就是信用保险。再如，有人想贷款买车，但银行对购车人资信状况不了解，银行就会要求购车人到保险公司购买保险，如果购车人不能如期还款，保险公司就替购车人还上，这就是保证保险。

④农业保险。专为农业生产者在从事农业生产过程中，对遭受自然灾害和意外事故所造成的经济损失提供保障的一种保险。

（2）人身保险。人身保险是以人的寿命和身体为保险标的的保险。当人们遭受不幸事故或因疾病、年老以致丧失工作能力、伤残、死亡或年老退休时，根据保险合同约定，保险机构对被保险人或受益人给付保险金或年金。

人身保险分为人寿保险、人身意外伤害保险和健康保险。人寿保险是以被保险人的生存或死亡为给付保险金的条件；人身意外伤害保险以被保险人意外伤害死亡或残疾为保险给付条件；健康保险以人的身体为保险对象，使被保险人因健康或意外伤害而支出增加或收入损失时获得补偿。

（二）如何进行保险理赔

保险公司在出险后依据保险合同约定向保户理赔的方式有两种：赔偿和给付。

赔偿与财产保险对应，指保险公司根据保险财产出险时的受损情况，对被保险人的损失进行赔偿。保险赔偿是补偿性质的，即它只对实际损失的部分进行赔偿，最多与受损财产的价值相当，而永远不会多于其价值。

给付与人身保险对应。人身保险是以人的生命或身体作为保险标的的,因人的生命和身体是不能用金钱衡量的,所以,当人身保险出险而使生命或身体受到损害,是不能用金钱赔偿得了的。故在人身保险出险时,保险公司只能在保单约定的额度内对被保险人或受益人给付保险金。

以寿险为例,保户买寿险的最终目的,是在事故发生时,或达到领取保险金年龄时,能够得到寿险公司的给付。

因此,为了维护您的利益,应注意以下事项:

出险要及时联系保险公司。当被保险人发生疾病、伤亡等保险事故时,应立即通知寿险公司;否则保户有可能要承担因迟缓通知而致使寿险公司增加的调查费用。当被保险人达到领取保险金的年龄时,保户为了自身利益,当然也应及时向寿险公司提出给付保险金申请。申请文件通常包括:

(1)给付申请书;

(2)保险单;

(3)最近一次缴费凭证;

(4)相关人员的身份证明;

(5)保险合同约定的其他证明文件。

知识拓展5-3

新型农村社会养老保险

新型农村社会养老保险简称“新农保”,是继取消农业税,开展农业直补、新型农村合作医疗等政策之后的又一项重大惠农政策。新农保采取个人缴费、集体补助和政府补贴相结合,其中中央财政将对地方进行补助,并且会直接补贴到农民头上。新农保参保人缴费设每年100~500元5个档次,地方政府可以根据实际情况增设缴费档次,由参保人自主选择。

新农保借鉴了目前城镇职工统账结合的模式。新农保在支付结构上分两部分：基础养老金和个人账户养老金。基础养老金由国家财政全部保证支付，这意味着中国农民60岁以后都将享受到国家普惠式的养老金。

知识拓展5-4

家庭保险“双十定律”

家庭保险“双十定律”告诉我们，家庭保险设定的合理额度应该是家庭年收入的10倍，年保费支出应该是家庭年收入的10%。例如，您的家庭年收入有12万元，那么总保险额应该为120万元，年保费支出应该为12 000元。

六 商业银行理财产品

根据中国银监会颁布的《商业银行个人理财业务管理暂行办法》，商业银行理财产品是指商业银行自行开发设计的理财产品。在市场行情好的情况下，银行理财产品收益一般比同期限储蓄存款高。

银行理财产品预期收益不是实际收益，实际收益是不确定的，可高可低，可为零收益，甚至为负收益，即可能本金亏损，需谨慎购买。具体来说，银行理财产品按收益特征可以划分为保证收益类理财产品和浮动收益类理财产品。

(一)保证收益类理财产品

保证收益类理财产品是指银行按照约定条件，承诺支付固定收益，或银行按照约定条件承诺支付最低收益，实际收益高出承诺收益的部分按照合同约定进行分配的理财产品。

(二)浮动收益类理财产品

浮动收益类理财产品是指银行按照约定条件，并依据实际投资收益情况确定实际收益的理财产品。通常情况下，浮动收益类理财产品还被分为保本浮动收益类和非保本浮动收益类理财产品两种情况。

无论是保证收益类理财产品还是浮动收益类理财产品，均包含保本和非保本两种情况。因此，农民朋友在购买理财产品时，应根据理财产品合同具体确定是否保本以及是否保证收益。如果合同不好理解，可以就这些问题直接咨询销售相关理财产品的银行。

第三节 案例选编

一 土生土长的农村老股民

某村王某，40岁开外，虽在农村土生土长，炒股却有18年历史。

他在2000年到深圳打工时，看到电视上炒股奇迹故事后，也迷上了炒股。初涉股市，花钱买了教训。

2005年10月他看好一只股票，就把打工挣的钱加上从老家带来的钱共5 000元全买成股票，没想到股价下滑，一年后价值不足1000元，看着股价继续下滑的趋势，忍痛撤出来。

2006年他又花了1 000元买了只股票，一年多升值4 000多元。2007年稍有炒股经验的他又开始随买随卖，挣了工资除留点零花钱外，其余全投进股市。他把一天三班倒换成中、晚班，白天留出时间看行情，每天坚持看新闻、报纸，了解国家和世界经济走势。

2008年股市行情不好，他把资金全部撤出，只看不动。

2010年5—6月股票行情看好，他拿出几乎全部积蓄，以每股25.6元买了一只股票，买后股价迅速下滑，最后跌到2.96元，直到2014年才解套。随着行情看好，他又专心炒起股票，两年间收入不菲。

2015年下半年股市走低，他凭借多年经验，果断将资金全部撤出静等形势好转。腊月二十七那天，他认为股价已掉到近期最低点，升值空间很大，于是买了一只股票。第二天股价果然回升，年终收盘时已赚了6 000多元……

农村亲戚要跟王某学炒股。他说:炒股有风险,要有丰富的股票知识和炒股经验。也有短期暴富的,但不多。心态要平和,千万不要盲目跟风,新股民越涨越不卖,高了还想再高,结果大盘突跌,原来挣的钱又赔掉了。

案例解析:炒股没有一帆风顺的,要在股市起起落落中摸爬滚打才能积累炒股经验。文化低的人更要坚持学习金融知识、关注社会及经济动态,勤能补拙。

二 不要把鸡蛋放在同一个篮子里

一个农妇精心养了十几只鸡,每天都能得十枚鸡蛋。过了一段时间,鸡蛋的价格飞涨,她就想拿自家的鸡蛋到集市上卖,挣一笔钱。

为了图一时的方便,农妇就找了一个大篮子,把所有的鸡蛋都装进去。正要出发时,她丈夫看见了,建议她用小篮子多装几篮,免得大篮子承受不了那么多鸡蛋的质量导致鸡蛋损毁。而把鸡蛋放在几个小篮子里,即使一个篮子的藤条断了摔碎了鸡蛋,还有其余的鸡蛋能得到保全。

农妇不以为然,她想,这鸡蛋能有多重呢,再说这个大篮子结实着呢。于是,她丝毫不顾丈夫的建议,提起篮子就出发。

谁知,就在她提起篮子的时候,篮子底一下子就裂开了,所有的鸡蛋都摔在地上。原来这个大篮子好长时间不用,多处藤条都已经折断了,无法承受这么多鸡蛋的质量。

这个故事反映的是那些把投资放在一处的人不注意风险。他们将所有的资金都投资在一个地方,如果投资顺利,自然可以获得高回报;但是,这样也容易使资金在逆境中满盘皆输。投资有风险,如果学会分散投资,就可以减少投资失败带来的损失。

案例解析:当前我国城镇化进程中,农民成为市民,不少原先的农村家庭获得了许多的拆迁补偿款,在考虑如何运用好所获得的金额巨大的补偿款时,应牢记不把鸡蛋放在同一个篮子里的投资理财道理。

三 慎当“月光族”

小丽是一个从农村来的打工妹，今年只有20岁，工作了1年，打工月收入2 000元。同村的小美，今年21岁，工作了3年，打工月收入3 000元。年底，工厂放假，员工回家过年，小美却找小丽借钱回家，这是为什么呢？

原来小美是不折不扣的“月光族”，每月的打工收入基本上都花费一空，朋友们平时都劝她控制自己的消费，可小美说：“月光族是现代的时尚，我们要多享受。”现在年底了，回家过年，小美看着同村的小姐妹们大包小包地给家里人带礼物，囊中羞涩的她只能向同村的小丽借钱，而小丽却有6 000元的存款。照理说小美的工资高，应该比小丽更具有理财的条件。可事实是，一年时间里小丽存下了6 000元，而小美银行卡余额不到200元。小丽的收入虽然不高，但生活节俭，每月基本消费1 400元，每月定期存款500元。小丽喜欢看书，每月花费100元左右用于买书学习，而小美的基本消费加上娱乐、服装、社交消费，一个月下来3 000元所剩无几。最后，年底小美银行卡余额与小丽银行卡余额差别巨大。

案例解析：强制储蓄，量入为出，理财从攒钱开始。不能攒钱的人也就无财可理，反而会债务缠身。

四 农业合作社涉嫌非法集资

小曾和小何兄弟俩是一对返乡的农民工，看到家里农业合作社发展得红红火火，无数钱财流入合作社，兄弟俩眼红得不得了，动起了坏心思。他们未经有关部门批准，2015年在某县注册成立了“盟信农村经济信息专业合作社”，营业场所、存款流程、手续等方面都与正规银行一模一样。

他们以支付10%～15%高额利息为诱惑，在农村大肆宣传，一年过去，“合作社”在农村吸收了1 000余人的存款。

该“合作社”实际上是一种传销式的庞氏骗局，即收取新社员的本金，用来偿还老社员的利润，而“合作社”本身无实体项目。后因无法偿还农民存款，小曾和小何两人被起诉，该市中级人民法院对上述“假银行案”二审审判，以非法吸收公众存款罪分别判处被告人曾某和何某有期徒刑五年、五年半。

案例解析：参与非法集资不受法律保护，风险自担，责任自负。“你惦记人家的利，人家惦记你的本。”请大家提高警惕，增强风险防范意识和识别能力，不要被高额回报的诱饵所迷惑。

第六章 农村典当与租赁

第一节 典当概述

一 典当及农村典当兴起

典当，是指当户将其动产或财产权利作为当物的质押或者将其房地产作为当物抵押给典当行，再交付一定比例的费用，取得当金，并在约定期限内支付当金利息、偿还当金、赎回当物的系列行为。典当作为一种特殊的融资方式，其在经营过程中体现出以下一些特征：一是小额性，即典当机构向当户发放当金的数额往往较小；二是短期性，即典当机构向当户发放当金的期限往往较短；三是高利性，表现为典当机构向当户发放当金的费率往往较高，通常大大高于银行等金融机构的贷款利率；四是便捷性，这是典当十分突出的特点，表现为典当与其他融资方式相比，在融资过程中具有许多服务上的优势。根据《典当行管理办法》的规定，经批准，典当行可以经营下列部分或者全部业务：质押典当业务和房地产抵押典当业务。其中，质押典当业务包括动产（物资）质押典当和财产权利质押典当。典当行不得经营下列业务：销售非绝当物品，非绝当物品是指当户交到典当行换取当金的各种物品，在典当期限内或典当期限届满5日内因当户有可能赎当或续当，如果过期当户既不赎当也不续当的典当物品称为绝当，绝当物资典当行可以销售或拍卖；旧物收购、寄售；集资、吸收存款或者变相吸收存款；发放信用贷款；动产抵押业务。

典当业的产生有着极其深刻的社会历史原因。人类早期的借贷行为是典当行业产生的初级经济形式，城乡下层人民的贫困状态是典当行业产生的广泛社会基础，包括寺院经济在内的商品经济的有力发展是典当行业产生的客观物质条件。典当业是商品经济发展一定历史阶段的必然产物，并随商品经济的发展变化决定自身的盛衰枯荣。典当是中国农村重要的金融机构，与其他借贷方式相比，利息较高，属于温和的高利贷。典当与农村经济和农民生活关系密切，它不仅是农民重要的融资机构，而且还是连接都市金融与农村金融的桥梁，对农村金融运转有重要的作用。

知识拓展6-1

典当与银行贷款和抵押的区别

一、典当借款和银行贷款的区别

典当业务性质上属借贷行为，典当借款同银行贷款相比：第一，业务方式上，典当更加灵活多样，原则上有价值的物品或财产权利都可以典当；第二，典当借款手续简便快捷，一般少则几分钟，多则三五天；第三，借款用途不一样，典当借款多用于救急，银行贷款多用于生产或消费；第四，典当一般期限较短，最短5天，最长6个月；第五，典当一般除收取当金利息外，还按当金一定比例收取综合费用。

二、典当与抵押的区别

典当和抵押都可以用于借贷中的债权担保。然而，典当最核心的标志是典当标的的占有权转移，而抵押则不转移抵押标的的占有权，即抵押人对作为债权担保的抵押物仍享有占有、使用和收益的权力。在一定的抵押期内，抵押人无权处分抵押物，否则抵押权人有权干预和追索。

债务届期已受清偿,抵押权消灭:债务届期未受清偿,抵押权人可通过一定的途径和方式实现抵押权。这与典当转移典当标的的占有权,致使当户在当期内实际上已不能对其使用、收益和处分完全不同。抵押与典当的根本区别在于:抵押不转移抵押标的的占有权,而典当转移典当标的的占有权。

二 农村典当发展历程

关于典当业的起源,学术界长期存在不同的观点。根据现有文献,一般认为中国的典当业起源于南北朝时期的南朝佛寺。彭信威认为“南朝货币经济发达,寺僧放贷的事一定很多,南朝寺院在中国信用史上有着特殊的意义,它是典当的创办者”。杨联隆提出中国最古老的信用制度是当铺。当铺的起源可以追溯到六朝中期,当时的佛教寺庙利用其财库中大量的捐赠财富开办了典当业。这种信用既被推广到穷人中,也被推广到有钱人中间。由于可以免交一定的税赋并得到统治者的支持,寺庙中的当铺在唐代、宋代以及后来的元代都很兴旺,直到明清时期佛教式微,典当业才从寺庙中完全退出。明清两代是商业空前发达的时期,特别是明代中叶以来资本主义经济萌芽的出现,成为刺激传统金融行业即典当业进一步发展兴盛的主要因素。明清典当业在综合经营和业务管理上日趋条理化、规模化,这是中国典当业日臻成熟的标志。总体来看,从唐宋以来至明朝我国典当业逐渐由寺庙经营、官府经营发展到商人资本经营。主要表现为以下几个特点:其一,典当业的资本来源日益社会化,其组织方式逐渐由独资向合资、合伙乃至合股的方向发展;其二,典当业逐渐呈现出跨地域经营的趋势,一些富豪大贾和财力充裕者,不但在本地或一个地方经营典当业,而且在外地或同时在数处开设典当行,谋取利息;其三,典当业的内部分工得到发展,专门的经营者阶层出现。最后,典当业与社会经济的关系越来越密切,典当业的放款逐渐向生产经营领域和商业流通领域渗透,流动资本的借贷成为典当业的主要业务。因此，到明代中后期典当行已经成为一种相当成熟的金融机构。

20世纪80年代末期，随着改革开放，特别是社会主义市场经济体制的逐步形成，典当这个古老而又神秘的行业在中断了30多年后又悄然复活，得以新生。1987年12月，四川省成都市开办了新中国第一家典当行——成都市华茂典当服务商行，率先恢复了古老的典当业，兴办典当行的大潮随之而来，不久就遍及全国。据统计，从1987年到1995年这短短的8年中，全国各地经政府不同机构批准建立的各类典当行已有3 000余家，经过清理整顿，重新规范核准的典当行有1 154家，除西藏自治区尚未设立外，这千余家典当行分布于全国30个省（市、区）的260个市和130个县。从1987年我国重新开设典当行到2012年6月底，全国共有典当企业6 078家，从业人员4.8万人，分支机构672家。但是，我国的典当行地域分布严重不均，有60%的典当行分布在东部15省，广大中西部地区则分布较少。此外，70%的典当行分布于大中城市，全国2 000多个县级城镇是典当行的空白区域，农村地区更是少得可怜。同时，典当业的企业性质也在不断变换，自2003年8月20日，中国典当业被取消金融机构资格，划归为“特殊的工商企业”，典当行业从此被正式归口到经贸委统一管辖。这表明中国企业正与世界经济融为一体。

当今当铺的重新出现，与旧社会的当铺截然不同，如今是以服务为主体的一种经济货币流通手段，是社会主义商品经济条件下市场体系的一个有机组成部分。其手续简便，利息轻微。它在商品经济发展和市场体系的完善中起着“拾遗补阙”的作用，帮助小型企业和私人企业及个体劳动者摆脱暂时困境，同时又为急需用钱的企业和生活困乏者解决燃眉之急，因而颇受人们欢迎。

三 农村典当发展趋势

现代典当行业与旧社会的当铺有着本质区别，不再是简单地以物换钱的活动，它的价值更在于提供融资。由于银行业务主要是面对和服务大型企业，因而造成中小企业融资困难，使其发展在很大程度上受到制约。然而典当业融资方便快捷，融资门槛低，正好弥补了银行业这方面的缺陷，成为银行业必不可少的辅助部门。典当业在农村金融活动中发挥着不可替代的独特作用，是拓宽社会融资渠道的得力助手。典当作为以物质钱的融资手段，曾是我国历史上最重要的金融业务。近年来，在宏观经济发展阶段、市场竞争加剧的背景下，加之社会上存在误解与偏见、管理法规依然悬而未决、政策环境不断趋紧，典当业生存和发展的空间受到较多限制。

第二节　典当业务流程

自你踏进典当行的那一刻起，就已经开始从头到脚被人观察。从这一点上讲，现代的典当行和旧时的当铺并无太大区别。

接下来，便是一套固定的典当流程：首先由当户出具有效证件并交付当物，如要典当一件金饰，需要提供购买时的发票，若金饰上镶有宝石还应提供宝石的鉴定证书等。然后由典当行受理当物并进行鉴定，确定鉴定结果无误后双方约定评估价格、当金数额以及典当期限，并确认利息费用标准——这时典当已经完成了一半，接下来双方共同清点并封存当物，在当期内当物由典当行保管。最后，由典当行向当户出具当票并发放当金。

出质人需要妥善保管当票，当票是赎回当物的重要依据，如果发现当票遗失应及时办理挂失手续，若挂失前当物被别人冒领，原则上典当行不承担赔偿责任。典当合同签订的基本流程如下：

一　审当

审当程序：

(1)审查当户证照。

(2)审查当物证照。

审当要求：

(1)当户证照合法有效。

(2)当户、当物户名、证照一致。

二 验当

验当程序：

(1)核对发票、单证。

(2)价值评估。

(3)确定当金的额度及综合费率标准。

验当要求：

(1)按成新率及现行市价评估当物的价值。

(2)按评估价值的50%～90%折算典当金额。

(3)按既定利率、手续费、保险费、保管费确定综合费率。

三 收当

收当程序：

(1)签订典当协议书。

(2)收当入库。

(3)制票付款，收取费用。

收当要求：

(1)当户在协议及各部门的过户表上签字、盖章。

(2)当户身份证复印件、当物清单交保管员入库封存。

(3)按当票付款，收取综合手续费。

(4)当期由双方约定，最长不得超过6个月。

四 赎当

赎当程序：

(1)当户凭当票办理赎当手续。

(2)结清综合手续费及典当本金。

(3)办理出库手续。

(4)发票单证归还当户。

赎当要求：

(1)出库时认真核清当物。

(2)凭出库通知单出库。

(3)做好当物交接。

五 转当

转当程序：

(1)当户填写转当申请书。

(2)核对发票，重新确定当期、当值、当率、费率，填写转当评审表。

转当要求：

(1)"当票"客户联交客户收存。

(2)与收当程序一致。

六 续当

续当程序：

(1)审核原当票、居民身份证(或其他有效证明)。

(2)交纳前当期的利息和续当期的综合费用。

(3)查验当物，签订续当合同。

续当要求：续当期不得超过原当期，续当期利率、费率不变。

为了便于读者更加清晰直观地了解典当流程，图6-1给出基本的典当流程。

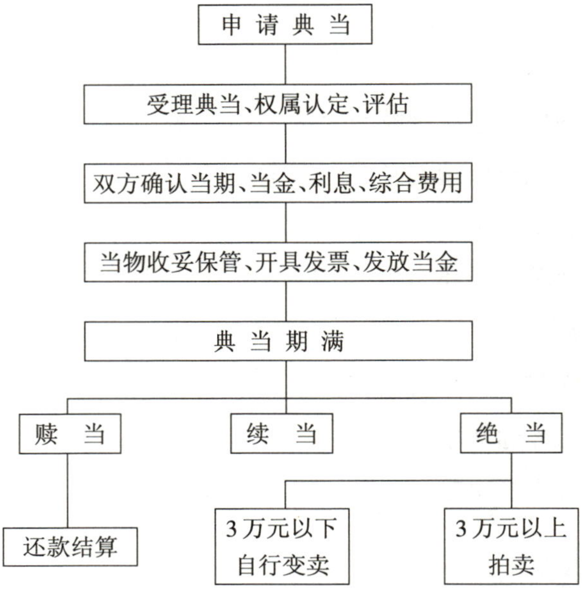

图6-1 典当流程

第三节 案例选编

一 绝当小心综合费

刘某以自有机器设备（估价2.5万元）典当用于经营资金周转，典当期限自2020年7月12日起，至2020年8月11日止。双方还约定典当期限届满后，甲方应在5日内赎当或者续当，逾期既不赎当也不续当，视为绝当。后由于刘某经营不善，其无法在约定的当期内赎当，也没有与典当公司延续当期。典当公司于2020年11月22日将刘某诉至法院，要求其归还当金并支付自2020年7月12日起至起诉之日止的相应综合服务费用。最终，法院只判决刘某支付自2020年7月12日至2020年8月11

日止的综合服务费用。

二 违约金里问题多

2021年5月7日，王某（甲方）与典当公司（乙方）签订当票及《机动车质押典当合同》确定："典当物为凯迪拉克机动车一辆，当金为40万元；典当期限自2021年5月7日至2021年6月6日；当金利率为月利率0.5%，由甲方按月足额支付给乙方，典当综合费率为每月4.2%，由甲方按月足额预先支付给乙方。甲方于典当期限届满5日后既不赎当也不续当的视为绝当。绝当后，甲方除承担典当期限届满至乙方债权完全实现期间的当金利息、综合费用外，还应当按日向乙方支付当金数额5‰的违约金。"当票及《机动车质押典当合同》签订后，典当公司到车辆管理部门办理了质押登记手续。典当期限届满后，王某未再向典当公司支付利息亦未赎当。典当公司没有处理当物，而是于2021年7月5日将王某诉至法院，要求其偿还当金、利息及违约金（自2021年5月7日计算至起诉之日，此后至实际清偿之日的利息以本金40万元为基数按5‰另计）。

案件审理过程中，双方对违约金的计算时间及计算标准争议较大。经审理，法院最终判决王某除应支付典当公司当金本金及相应利息外，还应支付以40万元为基数，按中国人民银行同期贷款利率的四倍计算，自典当期限即2021年6月6日至2021年7月5日，以及典当公司从起诉之日起至实际付清之日止的违约金。

三 当金缩水有说法

某公司办理典当时，典当公司所出具当票中记载当金数额为30万元，月利率为0.6%，每月综合费率为2.7%，典当期限为一个月。然而，该公司实际收到的当金数额为290 100元。后因该公司未按时还当，典当公司将该公司诉至法院要求其归还30万元当金。在庭审过程中，公司对当金数额提出异议，只同意归还实际收到的当金290 100元。对此，典当公司认为当金数额并没有发生变化，只是付款时预扣了部分利息1 800元和综合费用8 100元，双方对此有明确约定。经法院审理查明，双方确实对预扣利息及综合费用有相关约定，但法院并没有完全支持典当公司的诉讼请求，而是将预扣的利息1 800元从当金中扣除，认定当金本金应为298 200元。

第四节 租赁概述

一 租赁及农村租赁兴起

租赁是以支付（或收取）租金的形式取得（或出让）一项资产的使用权的经济业务。按与租赁资产所有权有关的风险和报酬的归属分类，租赁可以有不同的分类，可以分为经营租赁和融资租赁。经营租赁主要是为满足生产经营上的临时或季节性需要而租赁的资产。融资租赁又叫金融租赁，是能实现融资与融物相结合的一种信用方式。非银行金融机构是整个金融体系重要的组成部分，其发展状况是衡量一国金融体系是否成熟的重要标志之一。非银行金融机构不以吸收存款作为其主要资金来源，却以某种特殊方式吸收资金，并以某种特殊方式运用其资金，且从中获取利润，其中租赁公司就是非银行金融机构中的重要组成部分。当企业或承租人需要更新或添置设备时，不是以直接购买的方式投资，而是以支付租金的形式向租赁公司（出租人）租借。通常由租赁公司按照承租人选定的机器设备，先行融通资金，通过购买或租赁，再出租给承租人，实行有偿使用，从而以融物的形式为企业（承租人）融通资金。

传统租赁的发展约有4 000年的历史，它是随着人类文明的发展而产生并演变的。一方面，随着农业技术的提高，因生产发展不平衡，一部分人掌握了生产资料，另一部分人却没有掌握。这就引发了生产资料调配余缺的需要。另一方面,货币的出现为有偿调配生产资料的使用权提供了条件。这种经济模式就是租赁的原始雏形,后来逐渐发展到土地、房屋等不动产租赁。改革开放以来,农村经济得到一定的发展,农民的市场经济意识增强。一方面,广大农民在生产生活中需要农业机械、运输工具、建筑器材、抗洪抗旱器械、防虫灭虫器具以及科学试验仪器等,但有些农民由于受财力所限,短时期内不可能投入较多的资金购买这些生产、生活资料,他们愿到租赁市场花少量的钱便能解燃眉之急。另一方面,有些农业生产项目具有临时性、季节性的特点,花钱买个"半年闲"对许多农户来说也不划算。农村租赁业务的出现,既解决了部分农民的应急之需,又为农民节约了资金,因此农村租赁业近年便迅速发展起来。可以预见,农村租赁业将成为农村一道亮丽的风景线。

二 农村租赁发展历程

中国的租赁历史悠久,起源可追溯到原始社会,文献记载的租赁可追溯到西周时期。《卫鼎(甲)铭》记载,邦君厉把周王赏赐的五田,出租了四田,这是土地出租的例子。中国现代租赁的历史是从20世纪80年代初开始,当时在荣毅仁先生的倡导下,为了增加一种吸引外资的渠道,从日本引进了融资租赁的概念。选择以中国国际信托投资公司为主要股东,成立了中外合资的东方租赁有限公司和以国内金融机构为主的中国租赁有限公司,第一笔租赁交易是在河北与某企业签订的编织机租赁项目。在当时,长期受计划经济体制影响,融资租赁是一种新的产业概念,人们对其缺乏认识,"负债经营""产权和使用权分离"的概念还不容易被人接受,租赁额在1984年以前增长比较缓慢,租赁的规模也比较小。

1985年,融资租赁的主流企业又增加了以外经贸部直属外贸公司为投资主体的环球租赁有限公司(中国机械进出口公司和国外银行)和中国外贸租赁公司(中国出口商品基地建设总公司独资)。当时设备折旧由20年缩短到10年甚至更短,以及税前还租的政策吸引了许多企业采用租赁的方式，设备租赁额一直到1987年都稳步增长。1986年租赁公司开始用转租赁的方式从国外直接将设备租赁到中国，解决了内资租赁公司直接从国外融通资金难的问题。

1990—1992年，租赁额逐步增加，特别是1992年邓小平视察深圳后，租赁额和租赁渗透率均创历史新高。融资租赁行业在泡沫的冲击下，开始扭曲。合资租赁公司主要为所谓国内500强的大企业提供租赁服务，但租赁主要采用回租（贷款为主要特征）方式。内资租赁公司则把精力转向房地产和高息揽存业务，租赁额迅速回落。1993年国家对会计体制进行重大改革，许多租赁的税收优惠政策都被取消了，这一举措加速了租赁行业的萎缩。1996年国家税制又给租赁行业在技术改造项目中增加了加速折旧的口子，暂时制止了我国租赁业下滑的趋势。由于泡沫的后期影响，到1999年时，我国的融资租赁业几乎陷于停滞状态，租赁的渗透率回到了1984年以前的水平（0.26%），而这时，美国租赁的市场渗透率为30%。1999年6月，为了解决租赁行业的发展问题，中国人民银行召集国内租赁行业的专家、学者以及美国、日本和韩国的租赁专家聚在承德研讨租赁的困境、发展和出路。这次会议被业内称为创新租赁发展的第一个里程碑，从那时开始不到两年的时间，国家出台了相应的法律、法规，租赁的外部环境得到彻底改善。非银行金融租赁公司也成立了自己的自律组织——中国金融学会金融租赁研究会。

从1997年开始，国外的一些IT产业的厂商悄然进入中国的融资租赁队伍。他们带来了全新的租赁理念和经营模式。租赁物件开始向IT设备转移，国内的租赁公司也开始向电信行业进军。2000年租赁公司又开启飞机租赁和电子商务租赁等新的创新租赁模式。租赁公司更加注重与大专院校联手培养租赁人才，提升自身管理创新能力。租赁公司的融资功能开始向中介和资产管理功能方向发展，现代租赁的特征在中国逐步显现。2001年是租赁公司的重组年，行业经过洗牌后迎来创新租赁新的时代。2021年融资租赁的固定资产投资按行业分类如表6-1所示，从表中可以看出融资租赁在农、林、牧、渔行业的投资只占全年固定资产投资的3.5%，虽然政府一直鼓励和支持融资租赁服务"三农"，但是融资租赁在"三农"领域的业务比重非常小。

表6–1　固定资产投资按行业划分占比

行　业	在行业中占比
制造业	32.70%
房地产	23.00%
水利、环境和公共设施管理	10.10%
交通运输、仓储和邮政业	8.90%
电力、热力、燃气及水的生产和供应	4.80%
批发和零售业	3.40%
农、林、牧、渔业	3.50%
其他	13.60%

三 农村租赁发展趋势

作为一种特殊的融资服务方式，融资租赁具有银行贷款不可比拟的优势，更适合农业生产项目的发展需要。要充分发挥融资租赁服务在农业生产领域的独特优势，推进融资租赁经营模式创新，加快融资租赁相关产业的发展，拓宽农村经济社会发展的资金渠道。随着新型发展模式的不断创新，融资租赁已成为解决"三农"融资难的重要金融工具。融资租赁是一种融资与融物相结合的融资方式。在租赁期内，租赁物的所有权属于出租人，承租人拥有租赁物的使用权；租赁期满后，承租人可选择退租、续租或者留购。基于融资期限长、不变更租赁资产所有权、租赁合同稳定、有效资金周转率和存货周转率活跃等特点，农户可以通过租赁公司租用农业设备，扩大产能，增加产值。在还清本金后，农户还可获得设备产权。与银行信贷等融资相比，融资租赁手续办理相对简便、产品灵活多样，能够最大限度地满足农业发展的多种需求，符合农产品市场季节性和供需关系变化的特有规律，能极大地盘活农村资产存量，为解决“三农”融资难的困境提供新的渠道。融资租赁将推进农村金融多元化、综合化、专业化发展，对提高现代农业产业发展优势明显。

第五节　租赁业务流程

租赁业务的种类不同，操作程序也有差异。租赁一般分为经营租赁和融资租赁，农村临时性、季节性的经营租赁程序比较简单，融资租赁（金融租赁）的操作程序比较复杂。

一　经营租赁业务流程

（1）向租赁公司（出租人）提出申请（口头或书面），明确租赁物资的名称、质量标准和租赁期限。

（2）就租金的数额、支付方式、是否需交押金等与租赁公司（出租人）达成一致并签订租赁合同。

（3）缴纳押金，领取租赁物。

（4）退还租赁物，结清租金。

知识拓展6-2

下面以国家工商行政管理总局主持制定的《建筑施工物资租赁合同》示范文本为例，说明经营租赁合同的格式和常见要素。

建筑施工物资租赁合同

出租方：　　　　　　合同编号：

承租方：　　　　　　签订地点：

签订时间：　年　月　日

根据《中华人民共和国经济合同法》及有关规定，按照平等互利的原则，为明确出租方与承租方的权利义务，经双方协商一致，签订本合同。

第一条　租赁物资的品名、规格、数量、质量。

第二条　租赁期限。

自　年　月　日至　年　月　日共计　天。承租方因工程需要延长租期,应在合同届满前　内,重新签订合同。

第三条　租金。

租金收取:(双方应约定租金计算方式及其支付方式)。

第四条　押金(保证金)。

经双方协商,出租方收取承租方押金　　元。承租方交纳押金后办理提货手续。租赁期间不得以押金抵作租金;租赁期满,扣除应付租赁物资缺损赔偿金后,押金余额退还承租方。

第五条　租赁物资的维修保养。

租赁期间,承租方对租用物资要妥善保管,并负担维修保养费用。租赁物资退还时,双方检查验收,如有损坏、缺少、保养不善等,要按双方协商议定的《租赁物资缺损赔偿及维修收费办法》,由承租方向出租方偿付赔偿金、维修及保养费。

第六条　租赁合同变更。

在租赁期间,出租方如将租赁物资所有权转移给第三方,应正式通知承租方,租赁物资新的所有权方即成为本合同的当然出租方。在租赁期间,承租方不得将租赁物资转租给第三方使用,也不得变卖或作抵押品。

第七条　违约责任。

出租方违约责任:

未按时间提供租赁物资,应向承租方偿付违约期租金　%的违约金。

未按质量提供租赁物资,应向承租方偿付违约期租金　%的违约金。

未按数量提供租赁物资,致使承租方不能如期正常使用的,除按规定如数补齐外，还应偿付违约期租金　%的违约金。

承租方违约责任：

不按时交纳租金，应向出租方偿付违约期租金　%的违约金。

逾期不还租赁物资，应向出租方偿付违约期租金　%的违约金。

如有转让、转租或将租赁物资变卖、抵押等行为，除出租方有权解除合同、如数收回租赁物资外，承租方还应向出租方偿付违约期租金　%的违约金。

第八条　争议的解决方式。

第九条　其他约定事项。

第十条　本合同一式__份，合同双方各执__份。本合同附件__份都是合同的组成部分，与合同具有同等效力。

出租方（章）：　　　　承租方（章）

地址：　　　　地址：

法定代表人：　　　　法定代表人：

二　融资租赁业务流程

融资租赁又叫金融租赁，它的操作程序虽因租赁物不同，在操作程序的前后顺序上与经营租赁有所不同，但基本程序相同。主要程序如下：

（1）申请租赁。当企业（承租人）决定进行固定资产投资，在完成新建项目或技改项目的可行性研究后，如果企业缺少资金，可向经营金融租赁业务的金融机构申请租赁所需设备，经出租人初审受理后，填写租赁申请书。

（2）选择租赁设备。经营租赁业务的金融机构（出租人）受理申请后，承租人可根据需要选定租赁设备。选定租赁设备时，可由承租人直接选择厂商，也可由出租人代其联系厂商。无论由谁选定厂商，都应注意厂商的信誉、产品质量、售价及售后服务等。

(3)组织技术、商务谈判。技术谈判以承租人为主,与厂商谈判设备的规格、型号、数量、性能、技术参数、价格、质量保证、交货期、技术培训、安装调试、售后服务等问题。商务谈判以出租人为主,承租人参加,使购进的设备既适合企业的需要,又要争取得到优惠价格和合适的交易条件。

(4)签订合同。签订合同是租赁业务的中心环节。在这个环节要签两个合同:一是签订购货合同。根据技术与商务谈判的结果,经承租人确认后,由出租人与供货厂商签订购货合同。二是签订租赁合同。租赁合同是出租人与承租人确立租赁关系的法律依据,其内容主要包括:租赁期限、租金及支付方式、租赁期满后的设备处理。

(5)购进设备。购进设备合同和租赁合同签订后,供应设备的厂商向承租企业发货,并由出租人向供货厂商付款。在购进设备的过程中,承租人要注意办理以下事项:

①减免税及报关。

②租赁设备交货地点、保管、清点、检验、向出租人出具设备收据。通常以租赁设备的收到日定为租赁的起租日。

③租赁设备的保险。有两种方法:一是由出租人直接向保险公司投保,保费由承租人承担;二是由承租人代出租人向保险公司投保,保费由承租人承担。两种方法的保单均交出租人存执,发生事故时,由出租人和承租人双方共同向保险公司索赔。

(6)交付租金。从起租日开始,承租人取得了租赁设备的使用权,即按租赁合同分期向出租人交纳租金。

(7)处理设备。租赁期满后,按租赁合同规定的处理方式处理租赁物件,该退回的办理退回手续;需续租的重新签订租赁合同;需留购的,由承租人支付留购价款;需无偿转让承租人的,由出租人开具转让租赁物所有权证明。

第六节 案例选编

一 经营租赁案例

2019年5月4日，杨先生和青浦某镇的村民委员会签订了《财产租赁合同》，约定了杨先生向该村民委员会租赁76亩土地用于堆放物品。合同约定租赁期限是2019年6月1日到2020年5月30日，租金是每亩7 000元/年。该合同约定：由杨先生负责该堆场推平工作和地面基础设施（案件焦点由此产生）。合同签订后杨先生积极履行，不但按约支付了土地租金，还与某工程单位签订了《土地平整铺设协议》。约定：工程总面积为76亩，每平方米16元。合同订立后，案外人就对该土地进行了平整和铺设（该费用是杨先生的损失）。平整土地后不久，青浦区房屋土地管理局向该村民委员会出具了限期责令改正通知书，载明“你单位未经批准擅自将你村76亩土地出租给杨某作为堆场，违反了《中华人民共和国土地管理法》第六十三条的规定，责令你单位在2019年6月15日前改正上述违法行为，逾期不改正，我局将做出进一步行政处罚。”（合同不能继续履行）眼见租赁土地用于堆场的目的无法实现，杨先生向法院提起了诉讼。要求一，确认双方签订的财产租赁合同无效；要求二，村委会向杨先生返还租金；要求三，村委会赔偿杨先生平整土地的经济损失36万元。（按照无效合同的法律效果提起诉讼请求）

法庭审理后认为，双方签订的《财产租赁合同》虽然是双方真实意思的表示，但是违反了法律的强制规定，因此无效。合同签订后，该村委会将土地交付给杨先生使用，杨先生对该土地进行了平整铺设工程。按照合同无效的法律效果处理，杨先生应当向该村委会支付土地使用费，使用费的标准参照合同约定的金额（合同无效，恢复原状、不当得利）。因该土地是农民集体所有的土地，其使用权不得出让、转让或者出租用于非农业建设，双方签订合同时对该土地的性质都是明知的，因此合同无效的结果应当由双方各自承担过错，村委会相对于杨先生应当承担更多的过错责任（有过错的，赔偿损失）。据此判决，该租赁合同无效，杨先生将土地返还给该村委会并缴纳已经使用期间的使用费，村委会赔偿原告土地平整损失17万元。

二 融资租赁案例

2020年5月11日，原告某融资租赁公司与被告韦某签订电子版《售后回租赁合同》及相关附件，合同约定被告以售后回租方式向原告承租小型轿车一辆，合同还约定了协议价款、租赁期限、每期租金金额、留购价等内容。被告签署了面签确认函，确认被告本人与原告签订《售后回租赁合同》及相关附件的电子版合同。2020年5月21日，原告支付了租赁物协议价款。被告向原告出具了电子形式的《资金收据》和《租赁物接收确认函》，确认已收到融资款项及租赁物。在合同履行过程中，被告韦某未按期足额支付租金，且经催告后仍不履行给付义务，故原告起诉要求解除合同取回租赁物并要求被告赔偿损失。被告辩称其与原告不存在融资租赁合同关系，未通过电子签约方式签订《售后回租赁合同》，未在案涉《售后回租赁合同》上签字盖章。针对被告的抗辩意见，原告提交某电子认证机构出具的《数字证书签名验证报告》，证明“售后回租赁合同-韦某.PDF”文档在电子签名后未被篡改。

法院生效判决认为，当事人订立合同，可以采用书面形式、口头形式或者其他形式。以电子数据交换、电子邮件等方式能够有形地表现所载内容，并可以随时调取查用的数据电文，视为书面形式。因此，当事人可以签订数据电文形式的合同。在本案中，原告称双方签订电子合同，以数据电文的形式保存在服务器内，并提交面签确认函予以佐证。原告另行提交电子认证机构出具的《数字证书签名验证报告》记载经验证的“售后回租赁合同-韦某.PDF”文档在电子签名后未被篡改。该证据系具有相关资质的独立的第三方出具，法院对该证据予以采信。原告提交的上述证据能够形成证据链条，且相互印证，足以证实原、被告签订了案涉《售后回租赁合同》及相关附件。上述合同系原、被告双方的真实意思表示，且不违反法律、行政法规的强制性规定，应为合法有效，原、被告成立融资租赁合同法律关系。当事人理应恪守合同约定，对原告融资租赁公司要求解除合同、返还租赁物、赔偿损失的诉讼请求予以支持。

第七章 个人征信

第一节 征信概述

一 征信基本概念

“征信”一词在我国最早出现在《左传·昭公八年》中，有“君子之言，信而有征，故怨远于其身”，其中，“信而有征”即为可验证其言为信实，或征求、验证信用。征信被广泛用作信用调查的同义词是在民国初期。近现代以来，海峡两岸暨香港等地使用“征信”一词来概括企业和个人信用调查。

相应地，从事征信活动的机构，就是征信机构，又称征信所，如新中国成立前的中国征信所、联合征信所等。按照中国文化书院1968年版《中文大词典》的解释，征信所是以调查报告工厂、商号暨个人身家事业之财产信用，以及市场消息为职务之机关，有营利、非营利两种。前者以营利为目的而设立，受他人之委托，调查报告公司、团体或个人之信用状况。后者系银行业或工商业联合组织，为自卫手段之一种。

征信最为重要的作用显然是为了防范在非即付经济交往中受到损失（我们也不排除征信用于其他目的，如用于雇佣目的等），也就是说，征信最重要的目的是落在经济层面上。那么，什么最能显示一个人按期履约的能力和意愿呢？显然，其以往在非即付经济交往中的履约历史记录最能反映。如果一个信息主体平时说话、做事不是很坦诚，但是，其履约历史记录却一直非常良好，那么，作为牟利的经济人、授信机构仍然会相信这个人在经济上是一个守约的人，仍然值得与其进行非即付经济交易。什么时候其说话、做事不坦诚等非经济层面的信息会影响到授信机构对其守约能力和意愿的判断呢？那就是当没有以往在非即付经济交往中的履约历史记录时，只能依靠这类信息来判断了。

所以，我们在预测一个人在非即付并无抵押的经济活动中是否守约时，需要的信息是有层次、有重点的，首先是赊销、借贷等活动的历史记录信息，因为这在非即付并无抵押经济活动中金额通常最大，对交易双方的影响也就最大，如果受信方能够按时履约，那么，可信度也就非常高，至于像电费、通信费、水费等，即使有拖欠，也影响不大，因为影响这些费用的原因很多。当没有某人赊销、借贷等信息时，才不得不依靠电费、通信费、水费等信息来判断，这就是我们通常所讲的依靠非传统数据进行授信。

目前，全球一些大型的跨国征信机构，在信息采集上越来越全面，原因在哪里呢？实际上，主要是为了相互印证，全方位、多角度、更准确地来判断信息主体的信用状况，如采集各类登记信息、行政处罚信息等，同时，也有利于促进信息主体在这些方面更加遵守承诺。

征信还有一个重要的特点是尊重事实，让事实说话，即收集的信息是可验证、有记录的。对于信息准确性不高的信息，坚决不能采集，因为异议处理将会使征信活动从经济层面看很不划算，并且会影响到征信的公信力。

综上所述，征信是指依法收集、整理、保存、加工自然人、法人及其他组织的信用信息，并对外提供信用报告、信用评估、信用信息咨询等服务，帮助客户判断、控制信用风险，进行信用管理的活动。

二 征信基本原则

征信的原则是征信业在长期发展过程中逐渐形成的科学的指导原则，是征信活动顺利开展的根本。通常，我们将其归纳为真实性原则、全面性原则、及时性原则和保密性原则，如图7-1所示。

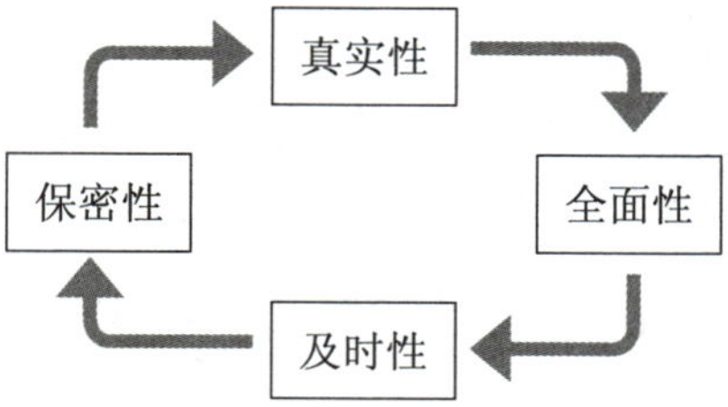

图7-1 征信基本原则

（一）真实性原则

真实性原则，即指在征信过程中，征信机构应采取适当的方法核实原始资料的真实性，以保证所采集的信用信息是真实的，这是征信工作最重要的条件。只有信息准确无误，才能正确反映被征信人的信用状况，保证对被征信人的公平。真实性原则有效地反映了征信活动的科学性。征信机构应基于第三方立场提供被征信人的历史信用记录，对信用报告的内容，不妄下结论；在信用报告中要摒弃含有虚伪偏袒的成分，以保持客观中立的立场。基于此原则，征信机构应给予被征信人一定的知情权和申诉权，以便能够及时纠正错误的信用信息，确保信用信息的准确性。

（二）全面性原则

全面性原则，又称完整性原则，指征信工作要做到资料全面、内容明晰。被征信人无论企业或个人，均处在一个开放性的经济环境中。虽然被征信人的人格、财务、资产、生产、管理、行销、人事和经济环境等要素性质互异，但都具有密切的关联，直接或间接地在不同程度上影响着被征信人的信用水平。不过，征信机构往往搜集客户历史信用记录等负债信息，通过其在履约中的历史表现，判断该信息主体的信用状况。历史信用记录既包括正面信息，也包括负面信息。正面信息指客户正常的基础信息，贷款、赊销、支付等信用信息；负面信息指客户欠款、破产、诉讼等信息。负面信息可以帮助授信人快速甄别客户信用状况，正面信息能够全面反映客户的信用状况。

（三）及时性原则

及时性原则是指征信机构在采集信息时要尽量实现实时跟踪，能够使用被征信人最新的信用记录，反映其最新的信用状况，避免因不能及时掌握被征信人的信用变动而为授信机构带来损失。信息及时性关系到征信机构的生命力，从征信机构发展历史看，许多征信机构由于不能及时更新信息，使授信机构难以据此及时判断被征信人的信用风险，从而导致自身最终难以经营下去。目前，我国许多征信机构也因此处于经营困境。

（四）保密性原则

对被征信人隐私或商业秘密进行保护是征信机构最基本的职业道德，也是征信立法的主要内容之一。征信机构应建立严格的业务规章和内控制度，谨慎处理信用信息，保障被征信人的信用信息安全。在征信过程中，征信机构应明确征信信息和个人隐私与企业商业秘密之间的界限，只有严格遵守隐私和商业秘密保护原则，才能保证征信活动的顺利开展。

三 征信作用

（一）减轻逆向选择负担

逆向选择是信贷交易在信息不对称情况下发生的问题，不良贷款风险往往来自那些积极寻找贷款的人。征信有助于改善银行对申请借款者特征的了解和比较准确地预测还款概率，有利于实现对贷款对象的优化和贷款定价的合理化，减轻逆向选择负担。

（二）减轻对申请借款者的掠夺

征信可以降低银行从其客户处收取的信息租金，当银行对借款者的特征认识非常充分时，他们能够比那些不了解情况的竞争对手收取更低的租金，而从所拥有的信息中获取信息租金。

（三）产生违约披露的纪律约束

银行共享借款者的违约信息，这对借款者而言，会产生一种纪律约束：违约行为变成了较差的信号，其他银行在对其放贷时会考虑到信用风险溢价，执行更高的利率，甚至拒绝贷款。为了避免这种惩罚，借款者将会更加努力地偿还贷款，从而降低信贷市场的违约率和利率，增加信贷市场的贷款金额。

（四）避免过度借贷

一个借款者承担的风险大小取决于负债的总额。然而，如果贷款机构不知此信息，借款者就有动机过度借贷。考虑到这种风险，贷款机构在发放贷款时会实行信贷配给。

第二节　征信业务

一　征信体系模式

征信体系模式见表7-1。

表7-1 征信体系模式

征信体系模式	特征	性质	代表国家
市场主导型	以商业性征信公司为主体，并由民间资本投资建立，按照市场经济的法则和运作机制经营	营利	美国、加拿大、英国
政府主导型	以中央银行建立"中央信贷登记系统"为主，兼有私营征信机构的社会信用体系	非营利	法国、德国、比利时、意大利、奥地利
会员制模式	以行业协会为主建立信用信息中心，为协会会员提供个人和企业的信用信息互换平台	非营利	日本
政府+市场	结合市场主导型和政府主导型	非营利	中国

(一)国际征信体系模式

1.市场主导型

市场主导型征信模式以商业性征信公司为主体，并由民间资本投资建立，按照市场经济的法则和运作机制经营，以营利为目的，收集、加工个人和企业信用信息，向社会提供有偿的商业征信服务。市场主导型征信模式的代表国家有美国、加拿大、英国等。

例如美国，其征信业始于1841年，从简单的征信服务到比较完善的现代信用体系的建立，美国征信业历经了160多年的历史。它的商业性征信公司独立于政府和金融机构之外，是第三方征信机构，提供的信用报告按照商品交换的原则出售给需求者或委托人。

随着市场经济的发展、信用交易规模扩大以及科学技术发展，美国逐渐形成以标准普尔、穆迪、惠誉为核心的三大资本市场信用评估机构，以邓白氏为代表的普通企业征信机构，以益博睿、艾可菲、环联三大个人征信局为代表的征信机构，此外还有基于这六大机构开展相关征信业务的区域性或专业性征信机构。

在社会信用体系方面，目前，美国不仅具备了较为完善的信用法律体系，而且随着市场经济的发展，已经形成了独立客观的法律环境。

2. 政府主导型模式

欧洲大部分国家采用政府主导型征信模式，这种模式是以中央银行建立的中央信贷登记系统为主体，兼有私营征信机构的社会信用体系。中央信贷登记系统主要收集企业信贷信息和个人信贷信息，并且系统是非营利性质的，信息主要供银行内部使用，服务于央行进行金融监管及执行货币政策以及商业银行防范贷款风险。法国、德国、比利时、意大利、奥地利、葡萄牙、西班牙等国采用的都是典型的政府主导型征信模式。

德国的征信体系以公共征信系统为主，以私营征信系统和行业协会内部征信系统两部分为辅，三者构成德国强有力的社会信用体系。其中公共征信系统主要提供数据信息的基本收集、整理、保存、加工，是德国征信体系的重要数据来源。德意志联邦银行信贷登记中心系统和行政司法系统是德国的两大公共征信系统，分别供银行与金融机构内部使用和对外提供工商登记信息、地方法院债务人名、法院破产记录等信息查询服务。

3. 会员制模式

会员制征信模式的典型代表是日本，与市场主导型和政府主导型征信模式不同，这种征信模式以行业协会为主建立信用信息中心，为协会会员提供个人和企业的信用信息互换平台，通过内部信用信息共享机制达到征集和使用信用信息的目的。并且，这种协会信用信息中心只收取成本费用，不以营利为目的。

日本的会员制征信体系包含个人征信及企业征信，其中个人征信划分为银行业协会、信贷业协会和信用产业协会，协会会员包括银行、信用卡公司、其他金融机构、商业公司以及零售店等。而企业征信则被帝国数据银行和东京商工所这两家商业性征信公司所垄断，主要服务于商业公司及电子商务零售店。

(二)我国征信体系模式

我国的征信是政府+市场两轮驱动的发展模式,从目前来看,需政府发挥主导和组织作用,做好各部门上下对接和协调合作,完善相关法律法规,健全监管体系,保证信用信息共享系统合法化,加大建设互联网金融信息收集平台力度。

二 征信基本流程

征信基本流程见图7-2。

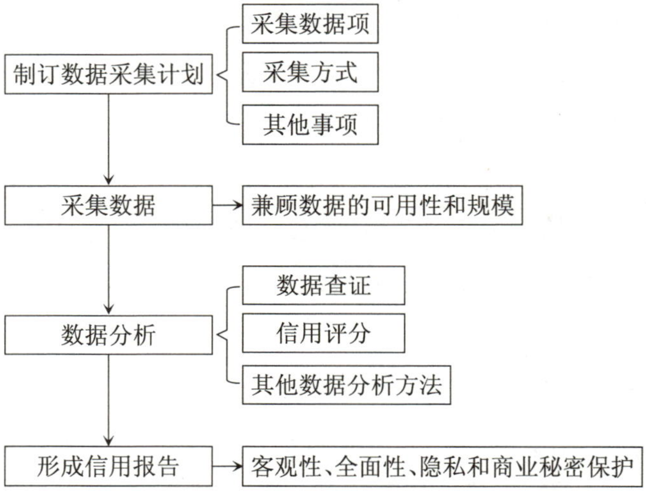

图7-2 征信流程

征信活动可以分为两类:一类是征信机构主动去调查被征信人的信用状况;另一类是依靠授信机构或其他机构批量报送被征信人的信用状况。两者最大的区别在于前者往往是一种个体活动,通过接受客户的委托,亲自到一线去收集调查客户的信用状况;后者往往是商业银行等授信机构组织起来,将信息定期报给征信机构,从而建立信息共享机制。两者还有一个区别是,前者评价的范围更广,把被征信人的资质情况、诚信度考察、资产状况等信息都包括在内,而后者由于是批量采集信息,因此灵活性和主观性上不如前者,但规律性和客观性都强于前者。这两类征信方式在征信的基本流程上是相同的，例如，前一类征信流程要制订计划，决定采集哪些信息，而后一类征信流程也同样如此，由征信机构事先确定好需要采集的信息后，与信息拥有方协商达成协议或其他形式的约定，定期获取数据。

（一）制订数据采集计划

能够反映被征信人信用状况的信息范围广泛，为提高效率、节省成本，征信机构应事先制订数据采集计划，做到有的放矢。这是征信基本流程中一个重要的环节，一份好的计划能够有效减轻后面环节的工作负担。一般来说，数据采集计划包括以下内容：

1. 采集数据项

客户使用征信产品的目的不尽相同，有的希望了解被征信人短期的信用状况，有的则是作为中长期商业决策的参考。客户的不同需求决定了数据采集重点的迥异。征信机构要本着重点突出、不重不漏的原则，从客户的实际需求出发，进而确定所需采集数据的种类。例如，A银行决定是否对B企业发放一笔短期贷款时，应重点关注该企业的历史信贷记录、资金周转情况，则需采集的数据项为企业基本概况、历史信贷记录、财务状况等。

2. 采集方式

确定科学合理的采集方式是采集计划的另一主要内容。不论主动调查，还是由授信机构或其他机构批量报送数据，征信机构都应确定最经济便捷的采集方式，做好时间、空间上的各项准备工作。对于批量报送数据的方式，由于授信机构或其他机构所提供的数据项种类多、信息量大，征信机构应事先确定一个规范的数据报送格式，让授信机构或其他机构按照格式报送数据。

3. 其他事项

在实际征信过程中，如果存在各种特殊情况或发生突发状况，征信机构应在数据采集计划中加以说明，以便顺利开展后续工作。

（二）采集数据

数据采集计划完成后，征信机构应依照计划开展采集数据工作。数据一般来源于已公开信息、征信机构内部存档资料、授信机构等专业机构提供的信息、被征信人主动提供的信息、征信机构正面或侧面了解到的信息。出于采集数据真实性和全面性的考虑，征信机构可通过多种途径采集信息。但要注意，这并不意味着数据越多越好，要兼顾数据的可用性和规模，在适度的范围内采集合适的数据。

（三）数据分析

对征信机构收集到的原始数据，只有经过一系列的科学分析之后，才能成为具有参考价值的征信数据。

1.数据查证

数据查证是保证征信产品真实性的关键步骤。一查数据的真实性。对于存疑的数据，征信机构可以通过比较从不同采集渠道得到的数据来确认准确的数据。当数据来源唯一时，可通过二次调查或实地调查，进一步确定数据的真实性。二查数据来源的可信度。某些被征信人为达到不正当目的，可能向征信机构提供虚假的信息。如果发现这种情况，征信机构除及时修改数据外，还应记录该被征信人的不诚信行为，作为以后业务的参考依据。三查缺失的数据。如果发现所采集的信息不完整，征信机构可以依据其他信息进行合理推断，从而将缺失部分补充完整。比如利用某企业连续几年的财务报表推算出某几个数据缺失项。最后是被征信人自查，即异议处理程序。当被征信人发现自己的信用信息有误时，可向征信机构提出申请，修正错误的信息或添加异议声明。特别是批量报送数据时，征信机构无法对数据进行一一查证，一般常用异议处理方式解决被征信人的异议。

2.信用评分

信用评分是个人征信活动中最核心的数据分析手段，它运用先进的数据挖掘技术和统计分析方法，通过对个人的基本概况、信用历史记录、行为记录、交易记录等大量数据进行系统的分析，挖掘数据中蕴含的行为模式和信用特征，捕捉历史信息和未来信用表现之间的关系，以信用评分的形式对个人未来的某种信用表现做出综合评估。信用评分模型有各种类型，利用这些模型能够预测被征信人未来不同的信用表现。常见的信用评分模型有风险评分、破产评分、收益评分、申请风险评分、交易欺诈评分、申请欺诈评分等。

3.其他数据分析方法

在对征信数据进行分析时，还有许多其他的方法，主要是借助统计分析方法对征信数据进行全方位分析，并将分析获得的综合信息用于不同的目的，如用于市场营销、决策支持、宏观分析、行业分析等领域。使用的统计分析方法主要有关联分析、分类分析、预测分析、时间序列分析、神经网络分析等。

（四）形成信用报告

征信机构完成数据采集后，对收集到的数据和分析结果加以综合整理，最终形成信用报告。信用报告是征信机构前期工作的智慧结晶，体现了征信机构的业务水平，同时也是客户了解被征信人信用状况、做商业决策的重要参考。因此，征信机构在生成信用报告时，务必要坚守客观性、全面性、隐私和商业秘密保护的科学原则。

所谓客观性，指的是信用报告的内容完全是真实客观的，没有掺杂征信机构的任何主观判断。基于全面性原则，征信报告应充分披露任何能够体现被征信人信用状况的信息。但这并不等于长篇大论，一份高质量的信用报告言简意赅、重点突出，使客户能够一目了然。征信机构在撰写信用报告的过程中，一定要严格遵守隐私和商业秘密保护原则，避免泄露相关信息，致使客户和被征信人权益受到损害。信用报告是征信机构最基本的终端产品，随着征信技术的不断发展，征信机构在信用报告的基础上衍生出越来越多的征信增值产品，如信用评分等。不论形式如何变化，征信的基本原则是始终不变的。

三 征信日常应用

（一）大数据征信应用于个人信贷审批流程

个人信贷业务审批流程分为贷前审核、贷中决策、贷后管理三个部分，在贷前审核阶段，主要对借款人进行身份识别和信用评估，贷中决策阶段主要进行信用跟踪及风险预警，贷后管理阶段主要有逾期预警、失联修复、轨迹分析。信贷风险控制主要集中在贷前审核与贷后管理阶段。

1.贷前审核

贷前审核分为身份核实、信用评估两部分。由于个人信贷额度一般较小，因此对用户还款意愿的评估比还款能力的评估更为重要。

个人的姓名、电话、身份证件等人口属性信息主要用来对借款人进行身份识别，通过对借款人手机联系人的确认、居住地址位置、指纹、黑名单查询等来确定借款人身份是否真实，是否具有贷款资格，防止欺诈风险。

个人的历史借贷记录包括负债、是否逾期还款等信息，能够体现出个人负债情况及信用度，负债额度高、恶意逾期还款次数较多的客户属于高风险客户；对个人的消费数据（包括借款用户的信用卡账单、月消费金额、网络购物真实流水）分析，可以评估个人的还款能力，具有高薪工作的个人且消费水平较高，其贷款信用违约率较低；利用运营商数据可以对用户联系人、通话记录等进行分析，与贷款有关的电话通话时间较长、换号频率高、经常关机的客户骗贷风险较高。

2.贷中决策

贷中决策阶段主要对用户进行信用跟踪及风险预警，实时监测信用主体的信用风险，例如对卷入法律纠纷、遇天灾人祸等，需及时做出风险预警。

3.贷后管理

贷后管理主要跟踪客户所属行业、客户经济状况、客户异常行为，包括其个人信用的变化，及时发现贷款人可能不利于按时归还贷款的问题，并提出解决问题的措施。

举例来说，假如发现借款人在其他平台借款已经发生逾期、近期手机经常关机等迹象，则借款人有较高的概率逾期还款，需及时做出逾期预警；一旦客户已经失联，可以利用用户联系人、通话记录等进行分析，定位用户手机使用位置，了解到其联系人信息，结合出行记录等分析借款人行踪；利用借款人行踪、经济状况变化、消费等信息了解借款人逾期原因，是有钱不还，还是因为经济能力等原因无钱可还，制定相应的催收还款方案。

（二）大数据征信应用与日常生活结合

从应用范围来看，目前大数据征信除在传统金融机构、政府部门、公共服务等场景之外，还能与各类生活化、日常化的场景结合在一起，比如与出行的租车免押金、住宿的入住免押金、购物的先试后买等各类日常履约场景相结合。

随着互联网，尤其是移动互联网的普遍化，人们的行为数据逐渐在互联网上沉淀，包括金融、餐饮、零售、旅游、社区、出行、教育、医疗、美容等诸多领域。新兴场景的出现，一方面，让征信走出常规的金融应用场景，扩大了个人征信的市场空间；另一方面，极大地提高了用户体验，进而提升了个人征信的使用黏性。

第三节　案例选编

一　失信典型案例

（一）案例一：编出来的“首套房”

某年11月，某市医院的李医生到人民银行查询个人信用记录。据他称，他在办理房贷时，被告知必须按两套房办理贷款，但是自己没有自有住房，怎么会按两套房办理贷款？且如果按两套房贷款利率和首付款计算，比首套房总体下来要多交2万多元。

经查询，李医生的信用记录显示其已拥有自有住房，且地址明确。据他回忆，两年前有某银行的信贷人员到他们医院办理信用卡，单位不少人办理了信用卡，李医生也办理了。其中，在填写登记表格信息时，他虽然没有自己的住房，但为了增加信誉度，就填上了已有住房，并随便编写了一个地址。这样就把信用卡办下来了，但现在，当他真想购买房子时，便遇到了先前的一幕。

为证明自己没有住房，李医生先后跑了多家相关单位，最后终于通过房产部门证实他原本没有住房。接着，又等了两个多月，为他办理信用卡的银行才变更了他的基本信息。

事实证明，居民在办理贷款，申请信用卡，缴纳水费、电费、燃气费等时，个人应向商业银行等机构提供正确的个人基本信息。同时，还要及时更新自身信息，并关心自己的信用记录，发现有疑问的地方及时向银行方面咨询。

（二）案例二：都是“第三方代理还款”惹的祸

某年2月14日，某县的孟先生因购房计划，向该县农联社申请个人住房按揭贷款10万元，期限10年。但县农联社在审查其个人信用报告时发现：2013年4月11日，孟先生在一家银行办理了汽车消费贷款，还款期限为24个月，贷款现已还清。但在还款的两年时间内，其信用报告中显示“累计逾期次数16次”。面对如此多的不良记录，农联社审贷会没有通过孟先生的住房贷款审批。

后经多方调查，孟先生办理汽车消费贷款后，都按时将应还款金额交给某汽车销售公司，但这家汽车公司却没有及时将孟先生的钱划转给银行，所以造成了孟先生信用报告中出现多次逾期还款信息，形成了不良记录。

为避免这种情况的发生，建议个人最好直接与银行办理相关信贷业务，如果采用第三方代理的方式，应特别注意代理合同的相关条款，并关注自己的信用记录。万一发生第三方机构未及时向银行还款的情况，应及时与第三方机构进行交涉，必要时可通过司法途径维护自己的合法权益。

（三）案例三：信用卡透支不按期还款也被记入征信系统

黄某经营着一家钢铁公司，资产过亿，前不久因业务的需要，向银行申请贷款，银行通过认真调查，认为可以为黄某发放贷款，但在办理贷款的过程中，银行发现黄某在人民银行的个人信用记录档案中有不良记录行为。经查，黄某在两年前办过一张信用卡，该卡有透支5期不还的记录，按照规定，个人信用记录有不良行为的客户，银行不能办理贷款，这样黄某的银行贷款就此卡壳，事后黄某追悔莫及。

这一案例充分显示了征信系统的作用。对金融机构而言，金融机构通过征信系统实现了信息共享。在全面掌握企业的财务状况、运营状况和信用风险水平等的基础上，金融机构可以识别高风险客户，防范贷款风险，保障银行信贷安全。

二 守信典型案例

案例：守信可以帮助商业银行简化审批流程、缩短审批时间

工商银行某分行在审查1笔120万元的个人经营性贷款时，查询个人征信系统发现，该客户在其他银行有1笔23万元的贷款，还款付息正常。查询结果与客户本人声明相符，间接证实了客户的信用度。结合客户提供的抵押物、还款能力进行综合分析后，该行做出放贷决定，贷款额度确定为100万元。使用个人征信系统使原来需1个多月的贷款时间缩短为2个星期。

第八章 金融防诈指南

第一节 传统金融诈骗手段

一 非法集资

（一）非法集资定义

非法集资是指未经国务院金融管理部门依法许可或者违反国家金融管理规定，以许诺还本付息或者给予投资回报等方式，向不特定对象吸收资金的行为。界定非法集资行为需要同时具备三个条件：非法性、利诱性和社会性。非法性是指国家法律对其是明令禁止的，未经国务院金融管理部门依法许可或者违反国家金融管理规定。根据现行法律规定，凡是向不特定对象吸收资金的行为都需要有关部门的依法许可。利诱性是指公开承诺给投资人回报多少，正规金融机构的理财产品均不承诺保本保收益。社会性是指向社会不特定人员吸收资金，“不特定人员”指的是社会公众。根据司法解释，未向社会公开宣传，在亲友或者单位内部针对特定对象吸收资金的，不属于非法集资。

（二）诈骗案例

2017年7月，安徽某农业开发有限公司法定代表人张某创办了一家月季种植基地示范园，为此他在某村庄租用了10亩土地。然后他又在另外一个村庄租用了50余亩土地作为种植月季的生产基地。在此之后他打着月季种植开发名义开始了疯狂集资诈骗、非法经营等犯罪活动。张某以农业开发公司与客户“联合种植”月季的名义，先后以投资金额20%和40%的高额利息向社会募集资金。截至2018年4月，该农业开发有限公司非法集资3 600多万元，集资参与者预计有3 000人。为了能更快速高效地圈钱，2018年下半年，张某又想出了另外一个办法，他联合王某和万某某商议将月季成品在网上售卖，并且招聘了相关人员，创立了一个类似传销的销售团队，团队员工各司其职。在他们这种有计划的行动下，从2018年10月底到2019年2月底实现非法销售额2 000余万元。张某等人非常狡猾地利用了“公司+客户”联合种植的名义，在集资过程中经常带领集资客户到月季花种植基地参观，他们夸大种植基地面积，宣传月季花种植高产且利润丰厚，并且告知客户他们正通过技术手段在培养新型月季产品，引诱客户购买公司的月季种子，并承诺在第一年、第二年以一定价格回收。2018年，张某租用了厂房和仓库，建立了月季加工厂，将种植基地生产出来的月季花和从自种客户手中回收的部分月季花加工成月季干花和月季花茶，然后委托一些小型厂家进行再加工，生产月季精油、月季花饼等产品。张某的销售渠道不仅仅局限于线下，在网上售卖时他会通过打广告的方式来推销产品，具体的销售成果他并没有告知客户，但他在表面上下的功夫足以让社会公众相信该农业开发公司的销售能力，认为他们有能力支付所承诺的高额返利。张某其实是进行不实宣传来骗取客户信任。事实上，种植基地只是张某为进行非法集资制造的一个幌子。2018年以后，该农业公司就不再对生产基地进行管理，对于客户购买种子培育出的月季花也不再回收。到2019年，该公司已经不再种植月季。在受害者举报后，有关部门开始着手调查，调查结果表明该公司生产的月季精油、月季花茶均为不合格产品。这是一个将近3年的骗局，表面看公司发展前途光明，资金支持也非常充足，但通过查账可以发现，公司账面经营收入只有区区352万元，而各类费用支出就有1 366万元，账面累计亏损高达1 014余万元。

(三)防骗指南

非法集资套路深,投资者一定要谨记不盲目追求高收益,远离非法集资,建设美好生活。防范非法集资,首先要看回报率是否过高,通常来说投资都是有风险的,能否获得收益是不能确定的,大部分投资回报偏高的都是投资陷阱。请各位投资者一定要增强理性投资意识,天下没有“免费的午餐”,切莫贪图便宜,因小失大。其次,可以通过政府网站查询企业资质,比如企查查、天眼查等。可以在政府网站上查询投资企业以及与该企业相关的其他企业是不是经过国家批准的合法的上市公司,是不是可以发行公司股票、债券以及拥有国家规定的股权交易场所等,如果查到的信息表明该企业不具备发行或销售股票、出售金融产品以及开展存贷款业务的主体资格,就有可能涉嫌非法集资。还可以通过工商登记资料查询,看该企业是否取得营业执照,观察其经营模式,有没有实体项目,其资金的流动去向以及所面向的集资群体。要正确识别非法集资活动,辨别主体资格是否合法,以及从事的集资活动是否获得相关部门批准。最后要警惕亲情诱骗,对亲朋好友低风险、高回报的投资建议和反复劝说,一定要谨慎决策。高收益往往伴随着高风险,要多与懂行的朋友和专业人士仔细商量,保护自身权益,防止受骗上当。

二 众筹诈骗

(一)众筹定义

众筹是依靠大众筹集资金的一种融资方式,现代众筹主要是指筹资人通过互联网平台对外发布筹资提案,向不特定公众筹集资金用于某项活动的行为。众筹最初是白手起家的艺术家们由于生活所迫来筹集资金的一个手段,现在演变成初创企业和个人筹集资金发展的一个渠道。互联网背景下的众筹,使得“众”字能真正打破地域限制,突破群体壁垒,更大范围内实现“筹”的目的。相对于传统的融资方式,众筹更为开放,项目的商业价值不再成为能否获得资金支持的参考标准,只要是投资者喜欢的项目，都可以通过众筹来获得启动资金。近几年来，由于互联网的发展，众筹行业也得到了迅速发展，加上其门槛低、投资金额小的特点，越来越多的人热衷于众筹这一创业模式。但是，众筹创业模式主要依靠投资者和创业者之间的信任来获得资金支持，目前并没有相关法律来保障投资者的资金安全。所以有不法分子针对这一点进行违法犯罪活动，从而使得民众受骗。

（二）诈骗案例

2022年3月，平南县公安局接到陈某某报案称：其父亲因脑溢血住院急需用钱，但家中经济拮据难以支付高昂的医疗费用。此时，一名自称是“水滴筹”的客服联系陈某某声称能用其公司的公益捐款平台无偿为患者筹款。陈某某听后非常高兴，很迅速地提供了客服人员要求的身份信息、住院资料等。此后客服发送了一个爱心筹款的链接给陈某某，并且让他将此链接发送到微信朋友圈、QQ空间等平台。一段时间后，平台显示筹款总数为16 204元，经过向客服不停催促和要报警后，陈某某才从平台中提现11 100元，被平台诈骗了5 000多元。此时，陈某某意识到自己被诈骗了。报警以后，通过警方的调查取证发现，2020年下半年起，以郭某某为首的诈骗团伙，利用身边亲人、朋友的名义注册多个空壳公司，以非法占有为目的，搭建多个非法网络众筹平台，用虚构事实或者隐瞒真相的方法，骗取病重病危患者的救命钱财。该团伙会安排地推人员不择手段获得医院患者的手腕带以此获得捐助人的信任。该团伙人员冒充住院患者的陪护人混在江西、湖南、广东、湖北等省区医院，将他们自己创立的非法平台如“爱心筹款”“爱心帮助”等伪装成全国性合法众筹平台进行众筹推广，或伪装成“水滴筹”“轻松筹”等合法的公益平台的客服人员，骗取家庭条件困难的患者家属的信任，谎称将为患者无偿在其公司的筹款平台发起众筹，故意隐瞒要从中收取费用的事实，骗取患者获得的众筹款。警方通过全力侦查后甚至发现部分案件的案犯以不接电话，不回微信、短信等方式直接非法占有患者所获得的全部捐款。

（三）防骗指南

随着经济不断发展，公众投资理财的需求和渠道也逐步多元化。现今投资方式多种多样，众筹在近几年得到了人们的认可和追捧。然而众筹平台的存在很大程度上靠的就是创业者和投资人之间的信任，相关方面的法律条文并不健全，也缺乏对众筹行业的有力监管。网络众筹随处可见，因此政府部门应加强对众筹平台的监管，众筹平台也更应该严格把关，用更加严谨的态度来审核众筹项目是否符合标准，让投机分子无空可钻，确保投资人的资金安全。朋友圈、微信群筹款链接不随便乱点，也不给未经实名认证的收款码转账，以防财产损失。捐赠时认准正规公益机构，看清机构是否有权威认证，正规的公益机构基本上都有透明的捐赠流程，更值得信赖。投资有风险，避免盲目、冲动地进行投资理财。

三 积分兑奖

（一）积分兑奖定义

生活中我们随处可见积分，比如超市购物积分、店铺消费积分等。为了更好地发挥积分的作用，留住客户，商家经常会举办积分兑奖活动。随着现代社会的快速发展，企业增强客户黏性的手段一步步得到创新，积分兑换就是企业面对自己的客户所设置的一些特定福利。近年来，不少非法分子利用积分兑换实施违法犯罪行为。他们利用伪基站将自己的短信发送号码伪装成官方号码，打着运营商和银行的名义，利用人们贪图小便宜的心理，向群众发送兑奖短信，并且在信息中会附带有木马网站链接，受害人通过短信点击进入网站后，网站会出现相应的提示，要求受害人填写身份信息、银行卡号以及输入相应的短信验证码，在受害者完成这些操作后，就会出现卡内余额被盗走的情况。

（二）诈骗案例

李女士于2020年年底办理了某银行的储蓄卡，为了方便日常生活，她将此张银行卡开通了手机银行、短信提醒等业务。这张新卡成了她的工资卡，并且在日常生活中这张卡的使用频率也非常高。在2021年9月30日下午，李女士收到了一条手机短信，短信的大致意思是告诉李女士由于她的信誉度比较高，银行卡的使用频率也高，按照银行积分累计规则，目前她的账户积分已累计10 000分，可以兑换100元现金红包，积分将于下个月自动过期，并且附有积分兑换链接。刚收到短信时，李女士怀疑这是诈骗短信，但转念一想，自己确实是经常使用这张卡，流水比较多，之前在其他银行也有过用积分兑礼品的情况，而且如果是诈骗短信的话，10 000分换100元现金也太少了，骗子这样发短信有谁会上当呢，于是李女士决定点击链接去把积分兑换掉。李女士通过链接点进去后发现链接页面就是该银行的官网，此时李女士对短信深信不疑，按照页面提示输入了她的银行卡卡号、密码，并且填入了通过银行手机号给她发送的短信验证码。在一系列的操作完成后，李女士满心欢喜地等待100元现金的入账，但是过了一会后，李女士只收到卡内3万多元余额被转走的短信消息。这时，李女士才意识到收到的是诈骗短信，自己被骗了。

（三）防骗指南

谨防披着“积分兑奖”外衣的诈骗，兑换积分前务必仔细辨别真伪，不要轻易相信中奖、补贴等内容的短信或邮件。收到类似的信息一定要主动联系相关方进行核实。若是碰到普通商家所发来的兑奖信息，可以选择致电商家或去门店询问。若是收到银行、移动等官方所发来的信息，可以直接拨打相对应的客服电话进行咨询。即使是自己熟悉的客服号码发来的短信也不能轻易相信，凡是短信中有网址链接的，一定要注意识别，千万不能随意点击。即使接到“官方”号码来电，也要根据来电内容综合判断分析是否为诈骗信息，可以在通话结束后拨打官方电话进行求证，以免上当受骗，造成经济损失。切勿随意扫描不明二维码，不要轻易向他人透露自己的个人信息、账户信息及账户密码、短信验证码等信息，在操作时要仔细辨别，不给不法分子实施诈骗留下可乘之机。

四 信用卡诈骗

（一）信用卡诈骗定义

近年来，信用卡诈骗屡见不鲜。信用卡诈骗是指以非法占有为目的，违反信用卡管理法规，利用信用卡进行诈骗活动，骗取受害者财物的行为。如果诈骗数额较大的，会构成信用卡诈骗罪，将依法追究行为人刑事责任。信用卡诈骗罪，简而言之就是利用信用卡体现的信用所实施的诈骗犯罪活动。信用卡诈骗主要有以下四种形式：一是使用伪造的信用卡，或是使用以虚假的身份证明骗领的信用卡；二是使用作废的信用卡；三是冒用他人信用卡；四是恶意透支。信用卡套现实际上是虚构交易以骗取银行资金。套现行为的风险非常大，很容易让持卡人陷入无力偿还债务的境地。按照刑法规定，信用卡持卡人套现后被认定为以非法占有为目的、恶意透支行为的，会以信用卡诈骗罪定罪处罚。

（二）诈骗案例

张某通过微信群结识了外省的邹某，两人在微信上聊了一段时间后决定见面。2019年双方见面后相谈甚欢，邹某甚至大方地包下了张某所有的旅途费用。经过一段时间的相处，邹某告诉张某自己并没有正式工作，都是靠伪造信用卡来获得收入，并诱惑张某同他一起伪造信用卡来牟利，承诺只要做好伪装就不会有任何风险。在巨额利益的驱使下，张某同意与邹某合谋。张某和邹某预谋先让张某以虚假身份在上海某超市应聘收银员，然后利用张某超市收银员的身份趁顾客刷卡时利用读卡器盗取顾客的银行卡信息并偷记密码，再利用其盗取的信息制成伪卡。在伪卡制成后，两人奔赴外省利用信用卡取出现金5万元，此时受害人方某某收到取现短信，经查证没有发现这笔钱的去处，于是他立刻报警。当月22日晚，张某先在中国建设银行利用伪制的信用卡取现3万元，过了两个小时准备再次在中国银行取钱时被抓获。

（三）防骗指南

在我国现代经济生活中，不法分子利用信用卡进行诈骗，对公民的财产安全造成了巨大的威胁，极大损害了国家的经济秩序。但是，随着人们消费观念的转变，越来越多的人开始使用信用卡进行消费。信用卡是把双刃剑，它在给人们带来便利的同时，也存在着风险，这种风险不仅仅是民事纠纷，更有可能涉及刑事案件。所以，在使用信用卡时一定要注意保护信息安全，不要轻信陌生号码打来的办理信用卡业务的电话，办理信用卡业务要到正规银行办理。不要轻易泄露个人信息，可以定期对信用卡密码进行更改，无论是在银行自助刷卡取现或者是在商家刷卡付账输密码时要记得遮挡键盘。注意安全使用网上银行，安装必要的安全防范软件。平时也要多关注信用卡动态，可以开通短信提醒功能，一旦出现问题就能立刻发现，减少自己的损失。

第二节　互联网金融诈骗手段

一　微信点赞骗局

（一）微信点赞骗局定义

如今，智能手机普及，微信是常见的聊天交友工具。微信朋友圈里“点赞”“集赞”的活动越来越多，但渐渐有人发现，“点赞”活动竟有骗局。微信点赞诈骗是指诈骗者在朋友圈发布“点赞”“集赞”信息，并且声明无论谁只要转发集赞到若干数量就可以免费领取一些物品，而买家只需要支付邮费，在买家支付邮费后诈骗者销声匿迹或者通过邮寄残次品来赚取快递费。更有甚者以“点赞”的名义诱导大众下载含有木马病毒的App，然后通过在手机中植入的病毒不露声色地将受骗人的银行卡余额转走。

（二）诈骗案例

洪先生在刷微信朋友圈时发现了一条声称第66个点赞的人可以免费获得一台液晶电视的信息，洪先生心想反正只是自己点个赞，都不需要发朋友集赞，点一点而已，非常方便，说不定还能中奖呢。洪先生点完赞以后就没有去关注这件事了。过了几天，洪先生收到了商家的微信，说他中奖了，但要求洪先生支付200元的快递费到对方的支付宝账号。要寄奖品首先要汇款，洪先生琢磨这可能是个老套的骗局，起先没理会，但又一想，一共才200元，如果是骗子的话，也骗得太少了吧?犹豫了半天，洪先生还是给对方打了钱过去，结果对方再无回应，这才发现自己被骗了。

（三）防骗指南

管理微信点赞，目前还没有一套完整的规章制度，消费者参加此类点赞活动时一定要注意辨别真假，要注意5个方面问题：一是不要贪图小便宜，天上掉馅饼，一定是陷阱；二是对于朋友圈中免费赠送礼品的信息最好不要转发，免得害人害己；三是对于涉及填写个人信息、银行卡号、银行卡密码等要警惕；四是对于来源不明的App千万不要随意下载，App中很有可能含有木马病毒，从而导致手机数据丢失、卡内余额被转；五是详细阅读集赞规则，注意活动的有效期、兑奖方式、限制条款等，免得集赞后发现因为规则原因无法兑奖。

二 网络理财

（一）网络理财定义

网络理财是指投资者通过互联网获取商家提供的理财服务和金融信息，根据外界条件的变化不断调整其剩余资产的存在形态，以实现个人或家庭资产收益最大化的一系列活动。网络理财也是互联网金融化的一个标志，网络公司把流量直接导入到金融交易中，实现流量价值最大化。伴随互联网金融的火热，网络上的各类理财产品受到了投资者的喜爱。现如今互联网上的投资理财平台层出不穷，其中不乏许多虚假平台，不法分子利用这些虚假平台诱惑投资者投入资金进行诈骗。

（二）诈骗案例

小李平时很喜欢上网，在网上他认识了很多朋友。有一次他听朋友介绍了一个个人理财的网站，里面有非常多的理财项目。小李一直对网络理财很感兴趣，正巧碰上这次机会，他就把这个网站的所有理财项目了解了一下，然后按照网站提示注册了一个账号。在对该网站的理财产品进行一段时间的观察后，小李通过银行卡往注册的账号里充值了1 000元。小李没有把鸡蛋放在一个篮子里，他在这个网站里购买了3个理财产品，分别花了350元、350元和300元。2天以后，小李收到了一条银行短信，王某的账户向他卡内转账260多元，备注是收益。看到短信的小李反应过来，这应该是他在理财网站投资所得。小李打开网站去查看收益详情，发现他的其中一个产品亏损20元，另外两个产品均有收益。小李尝到甜头后，又往网站账号内充值了1 000元购买理财产品，2天以后又收到王某转来的200多元的收益款。小李认为这个网站整体收益很高，风险相对来说比较低，于是他又投入3 000元购买理财产品，但是几天后却没有收到产品收益款。小李便找到朋友询问情况，朋友告诉小李有时候收益会推迟发放，让他不要着急。小李相信了朋友的话，并且又投入5 000元购买理财产品。但在此后的2个星期里，小李再也没有收到产品的收益款，此时小李心中有点慌乱，他自己登录网站去看收益时，发现该网站已无法登录，去联系介绍他这个网站的朋友时，发现自己已经被对方拉黑。此时小李才察觉自己被骗了，便到派出所报案。

（三）防骗指南

随着网络和科技的快速发展，骗子们的诈骗手段五花八门，骗术让人眼花缭乱，各位投资者一定要掌握防范诈骗的基本知识，提高防范诈骗的基本能力。应该保持警惕，选择正确的渠道去实现自己的投资目标，要用科学的知识武装头脑。针对目前各类诈骗犯罪分子的新型诈骗手段，广大投资者一定不要轻易相信所谓的高额回报投资，天下没有免费的午餐。不要随意给陌生人汇款，不要轻信网上的各类信息和网址，一旦涉及诈骗，由此造成的后果不堪设想。遇到实际问题，忌盲目，多思考，千万不要被某些假象所迷惑。在购买理财产品时一定要理性，高风险不一定有高收益，要加强自我保护意识，谨防骗局。

三 借用别人身份信息诈骗

（一）借用别人身份信息诈骗定义

在日常生活中，大部分人对自己的身份信息并不重视，可能随手填写的一张问卷中就暴露出手机号码和身份证号码。对信息隐私不重视，容易给不怀好意的人可乘之机。若将身份证出借则可能造成更加严重的后果，坏人可能利用你的证件办理银行卡，办理贷款，甚至做一些违法犯罪的事情。

（二）诈骗案例

同寝室的何某和邓某是非常要好的朋友，有天何某找到邓某说他自己的身份证遗失了，补办需要很长时间，希望邓某能帮助自己办理贷款，让邓某帮忙出借学生证、身份证等证件资料来申请小额贷款。何某跟邓某承诺一定会按时偿还贷款。邓某看在平时的情面上一时心软就答应了。何某借用邓某的身份信息后，顺利地在网上办理了贷款业务，很快借贷平台将3 000元贷款汇到以邓某名义注册的支付宝账号内，但这是何某要求邓某新开通的手机号码，所以实际掌握该账号的人是何某。汇款到账后何某直接将钱转到自己的账号中，并且删除了所有的转账记录，然后对邓某谎称业务办理失败。过了几天后，何某继续用邓某的身份信息在另一家手机公司办理了分期买手机的业务，等商家将手机邮寄过来后，何某直接在二手平台销售手机，所得钱财用于个人挥霍。一个月后，由于何某没有如期归还贷款，贷款公司找上门，邓某才知道何某利用自己名义贷款套现。

（三）防骗指南

诈骗手段层出不穷，一定要保护好个人隐私，不随意点击陌生网址链接，切勿随意填写、提交个人信息。谨慎保管好个人的身份证等重要证件，如有遗失要尽快挂失补办。身份证禁止出借、出租或转让，不要轻易将个人资料透露给别人，出现冒用身份证贷款的情形时，放贷者与借贷者都要受到相应的处罚，身份证主人也要承担没有保管好证件的责任。在提供个人资料给对方时，最好向对方索要回执。对身份证复印件也要慎重保管，在使用复印件时，可以在上面注明时间和用途。

四 团购陷阱

（一）团购陷阱定义

近年来，团购在网络上“遍地开花”，小到拖鞋、厨具，大到空调、沙发等都能见到团购的身影。网络团购，是指一定数量的消费者通过互联网渠道组织成团，从一个散客户变成一个大客户，以此来和商家讨价还价，获得折扣购买同一种商品。随着全球服务业和互联网经济的不断发展与融合，越来越多的人喜欢上团购这种消费模式。通常来说团购价都比商品正常价格低一些，有一些黑心商家和不法分子利用消费者想取得低价的这种心理来构建陷阱，使得消费者上当受骗。团购主要有以下几种陷阱：一是犯罪分子可以通过技术手段营造出商品遭受热抢的假象，利用消费者的从众心理来进行诈骗；二是团购产品的实际质量与商家承诺的不一致，如果团购价格与实际价格相差太多就容易产生质量问题。

（二）诈骗案例

王女士是一位网购达人，生活中需要置办的大大小小物品基本都是通过网络进行购买。无论是淘宝、拼多多还是微商、代购，她均有涉猎。但即便她有这么多的网购经验还是被骗了。2021年王女士承诺她的弟弟如果高考分数过了一本分数线就奖励他一部最新的苹果手机。一个月后成绩出来，她弟弟的分数超过一本线20分，王女士非常高兴，并且把买手机的事情提上日程。刚好前段时间王女士微信里添加了一位名叫“白云手机”的朋友，对方的朋友圈经常发各种手机的图片及价格，而且相比官网来说价格更低。因为看到对方的微信号是企业微信，所以王女士非常相信这个人。通过和他联系发现iPhone 12的售价为4 399，比官网便宜了将近1 000元。王女士当即询问商家为什么这么便宜，商家解释现在是卖手机淡季，而且这一批iPhone 12是他团购价从苹果官方进的货，所以价格相对来说更低一些。商家的解释彻底打消了她的疑虑，她很爽快地付了款，但等了几天却没有收到任何快递信息。于是王女士再次与“白云手机”取得联系，对方承诺一定将手机送到，结果又过了几天，王女士依然没有收到快递信息。王女士只好再次去联系“白云手机”，但已经联系不上了。

（三）防骗指南

团购诈骗频现，消费者团购时一定要注意甄别。首先，购物时一定要在正规网站，要保证自己通过组团所购物品能有售后保障，最好选择用官方的、大众认可的App购物，但无论在哪个网站购物，如果团购价格与平时价格相差太多，也要注意被骗。其次是在提交团购订单之前，一定要与客服人员联系，尽可能详细地了解团购产品的参数、质量，不可冲动消费。若是在微信、QQ等没有第三方平台的软件中进行交易，一定要事先了解清楚交易对象，尽量不要在从未发生过交易的商家手上购物。收货时要记得验货，向商家索要相关票据、质保书等。

第三节　学会保护个人财产与信息安全

一　远离非法金融机构和非法金融活动

根据相关法律规定，非法金融机构是指没有经过中国人民银行的批准,擅自设立从事或者主要从事吸收存款、发放贷款、办理结算、信托投资、金融租赁、融资担保、外汇买卖等金融业务活动的机构。非法金融业务活动是指没有经过有关金融监管机构批准,擅自从事金融活动,包括非法吸收公众存款或者变相吸收公众存款;未经依法批准,以任何名义向社会不特定对象进行的非法集资;非法发放贷款、办理结算、票据贴现、资金拆借、信托投资、金融租赁等;中国人民银行认定的其他非法金融业务活动。在日常生活中,我们要远离非法金融机构和非法金融活动,提高防范意识,保障自己的人身安全和财产安全。

二 切莫借用高利贷

高利贷是指索取特别高额利息的贷款。按照我国法律规定,超过同期贷款利率4倍的即可视为高利贷。高利贷不能随便借,高利贷的利息非常高,一旦债务人无法偿还高利贷,其合法权益就很难得到保障。并且高利贷可能是黑社会人员发放的,当你还不起利息的时候,就会有更大的风险,可能带来自己无法承担的后果。你以为自己可以及时还清高利贷,但更可能你会被高利贷拖死,进入一个无法走出的死循环。在今天,因借用高利贷而发生的悲剧在我们身边仍时有发生。那么,如何对待高利贷?一是不借高利贷。在遇到资金周转需求时,可以先找亲朋好友帮忙,也可以选择正规银行提供的小额消费贷款。二是不参与放高利贷。放高利贷是违法行为,居民个人不要参与高利贷放款。如有闲钱,可以选择购买银行理财产品、信托产品等。

三 掌握金融知识,有效维护正当权益

金融是国家重要的核心竞争力,金融安全是国家安全的重要组成部分,金融制度是经济社会发展中重要的基础性制度。随着我国经济发展,居民运用金融工具进行财富管理的需求越来越大,金融产品也更加多样化、复杂化。目前社会是一个经济型发展社会,学习金融方面的相

关知识，有助于拓宽视野，提高自身素养，维护正当权益。把自己掌握的金融思维和观念运用到日常生活和工作中，可提高防范风险和诈骗的能力。金融消费者依法享有财产安全权、知情权、公平交易权、信息安全权等，我们要利用所知晓的金融知识帮助自己进行安全稳健的投资。我们也要树立理性消费观念，提升自我认知和明辨是非的能力，提高警戒意识，增强防范能力。

四 妥善处理好涉及个人信息的单据

个人信息是指以电子或者其他方式记录的，能够单独或者与其他信息结合识别特定自然人的各种信息，包括自然人的姓名、出生日期、身份证号码等。随着我国信息化程度的持续提升，互联网、大数据、云计算等技术手段的应用日益广泛，公民个人信息保护已变得越来越重要。较为常见的涉及个人信息的单据就是快递单，上面一般会有手机号码、姓名、地址等个人信息，在一些购物消费小票上也可能会包含姓名、银行卡号、消费记录等信息，若不对涉及个人信息的单据妥善处理也会造成个人信息泄露，因此对于包含个人信息的单据不能随意丢弃，可以在丢弃之前将个人信息涂抹掉。消费者应提升法律意识，在发现个人信息泄露后，要学会使用法律武器，不使个人权益受到损害。